불평등은 무엇인가

허 만 형

도서출판 대영문화사

머리말

대한민국 현대사는 가난 극복의 역사였다. 최빈국으로 원조를 받던 나라에서 원조를 제공하는 나라로 성장한 세계 유일의 국가가 대한민국이다. 그러나 그 고도성장의 이면에서 터져 나온 문제가 불평등이다. 정치 현장에도 불평등이 만연하여 민주정치는 중우정치로 전락하고 있고, 경제 현장에도 불평등이 뿌리를 내려 한번 서민은 대대로 서민이고, 한번 부자면 대대로 부자로 산다.

정부도 공정하지 않다. 정부조직은 권력자의 소유물이 되어 수시로 이름을 바꾸고, 자격이 모자라는 사람에게 공직을 제공하는 사례가 빈번하다. 미국에서 100년 전에 사라진 엽관제가 대한민국에서 부활한 느낌이다. 정부는 시민보다는 기업 편에서 정책을 결정하고, 시민을 위한 정책보다는 부자를 위한 정책이 더 많다. 불평등 해소 정책은 잘 보이지 않는다.

시민과 기업이 동지가 될 수 있어야 건전한 자본주의라고 말할 수 있는데 대한민국 자본주의는 그렇지 않다. 거대한 자본의 힘으로 대기업은 중소기업 영역을 침범하고, 골목상권까지 손을 뻗치고 있다. 구멍가게 대신에 세븐일레븐, CU, 미니스톱과 같은 편의점이 지배하고 있다. 이처럼 기회의 사다리가 시민에게서 멀어지니 불평등이 심화될 수밖에 없다.

안타까운 일이지만 불평등이 만연해 있는 대한민국 현실을 보면 청년세대를 위한 희망의 빛이 잘 보이지 않는다. 청년고용 대책이 미온적일 뿐 아니라 임금피크제를 청년실업 대책이라고 내놓을 정도이니 할 말이 없다. 노인을 위한 정책도 보이지 않기는 마찬가지다. 국민연금이 푼돈으로 전락했는데도 연금개혁이라는 근본대책보다는 기초연금 대상자 조정과 같은 지엽적인 문제에만 매달리고 있다.

이 책에서 대한민국의 불평등은 어떤 모습인지를 그려보았다. 일간지에 게재한 칼럼을 재구성한 방식이지만 사실 2011년부터 이 주제를 가지고 시작한 작업이었다. 책을 내려니 겨울 초입에 선 어느 날 만난 소년 가장이 생각난다. 그는 햇볕이 들지 않는 반 지하 방에 살고 있었다. 밖에서 부르자 고개를 내민 그는 창백하여 곧 쓰러질 것 같은 몰골이었다. 이불, 옷, 음식물 등이 뒤섞여 그의 방은 쓰레기 창고 같았다. 그의 가난은 정말이지 처참한 수준이었다.

그 소년에게도 가난을 이길 수 있는 기회, 열심히 일하면 부자가 될 수 있는 공평한 세상이 열리길 기대한다. 선뜻 출판에 응해주신 대영문화사 임춘환 사장님께 감사드린다.

2016년 12월

저자 허만형

차 례

제 1 장

불평등은 무엇인가

01 대한민국에서 불평등은 무엇인가

자본주의는 경쟁을 먹고 사는 이념이다. 경쟁이 없으면 자본주의는 설 땅을 잃는다. 완전 평등 사회에서는 경쟁은 없다. 그래서 무기력해질 수밖에 없다. 적절한 불평등이 있어야 경쟁이 가능해지고 그 사회는 생기가 돈다. 불평등, 즉 부와 권력과 사회적 지위에서 차이가 드러나야 더 나은 위치를 차지하기 위해 각축전을 벌인다. 이것이 사람의 마음이다. 경쟁은 너와 나의 발전으로 이어져 성장과 발전의 동력이 된다. 자본주의 관점에서 이처럼 약간의 불평등은 선이다.

그런데 인간의 탐욕은 끝이 없다. 타인의 것도 자신의 것으로 만들려고 한다. 탐욕 때문에 인간은 경쟁을 멈추지 않는다. 자본주의 사회에는 정보의 비대칭성(asymmetric information)이라는 인간의 탐욕 채우기에 알맞은 특성도 있다. 유익한 정보는 특정 집단에 집중되고 널리 전파되지 않는다. 당연히 경쟁의 과실은 소수에게 집중되고 도덕적 해이를 초래한다. 이 경우, 불평등은 불공정이고 부도덕이며 사회악이다.

대한민국의 불평등은 어느 쪽일까? 고도 경제성장기의 과실은 몇몇 집단이 독차지했다는 게 세평이다. 공정거래위원회(2014)가 발표한 상위 50대 기업의 경제력 일반집중도를 보면 2010년에는 44.1%였고, 2011년에는 45.2%로 증가했다. 증가추세를 반영하면 이제 50%를 넘나드는 수준이다. 일반집중도는 전체에서 해당 기업의 출하액과 종사자

수가 차지하는 비중을 뜻한다.

삼성전자의 연매출액이 2012년 이후 200조 원을 넘겨 국내총생산의 15%선에 이른다. 독과점 구조를 유지하는 산업의 수는 2010년부터 증가세로 돌아서 2011년에는 전년도 대비 12개가 증가한 것으로 나타났다(공정거래위원회, 2014). 이러한 산업구조에서 중소기업은 거대기업에 예속될 수밖에 없다. 상생을 외쳐도 거대기업의 탐욕을 막기란 매우 어렵다. 삼성 등은 우리의 자랑이지만, 탐욕과 불평등의 중심에 서 있는 것도 사실이다.

자수성가형 부자가 많은 사회에서는 불평등 구조 개선의 희망이 있다. 탐욕의 제어장치가 작동하고 있다는 증거이기 때문이다. 그런데 한국은 그 구조가 매우 취약하다. 2015년 『포브스(*Forbes*)』가 조사한 IT 세계 100대 부자에 미국인은 51명이었고, 중국인은 20명이었다. 한국인은 5명이었는데 두 명은 상속을 기반으로 한 이건희 회장과 그의 아들 이재용 부회장이었고, 나머지 3명(권혁빈 스마일게이트 대표, 김정주 NXC 회장, 김범수 다음카카오 의장)만 자수성가형 IT 부자였다(Dolan & Kroll, 2015). 미국의 IT 부자 대부분이 자수성가형이었다는 것과 대비된다.

양극화란 용어를 동원하지 않더라도 한국의 소득 불평등은 심각한 수준이다. 몇 년 전, 조세재정연구원에서 우리나라 상위 1%의 소득이 전체의 16.6%를 차지한다는 자료가 나왔다. 이 비율은 경제개발협력기구(OECD) 주요국의 평균 9.7%를 크게 상회한다. 우리보다 부의 쏠림이 심한 나라는 미국의 17.7%뿐이다. 3위는 영국(14.3%)이고, 4위는 캐나다(13.3%)이다. 이웃 나라 일본은 9.2%에 불과하다(박명호, 2012).

부의 쏠림이 심화되면 부자는 일하지 않아도 부가 쌓이고, 가난한 사람은 열심히 일해도 가난에 머문다. 사회적으로는 중산층이 붕괴된다. 이것 또한 우리 불평등의 현주소이다.

불평등의 심화로 청년들 사이에 냉소적 분위기가 확산되고 있다. 부모의 재산과 사회적 지위에 따라 자녀의 삶이 달라진다는 수저계급론이 그 증거이다. 권력으로 자녀의 로스쿨 졸업에 끼어드는 정치인, 자녀의 취업에 노조권력을 활용하는 노조간부 등 금수저 논란이 여기저기서 터져 나온다. 증여나 상속으로 부의 대물림이 심화되거나, 부모의 사회적 지위가 자녀에게 지나친 영향을 미치면 사회의 역동성은 떨어진다. 지나치면 계급사회가 된다. 상대적 박탈감이 심화되어 부자에 대한 반감을 키울 수도 있다. 한국의 불평등은 여기까지 왔다.

한국보건사회연구원의 조사에 의하면, 우리나라 청소년 10명 중 8명 꼴로 한국 사회가 불평등하다고 생각한다는 결과가 나왔다. 더 큰 충격은 "10억 원을 손에 넣을 수 있다면 범죄라도 저지를 용의가 있는가?"라는 질문에 고등학생 절반 이상이 그렇다고 답변을 했단다(이상영, 2015). 돈이 뭐 길래, 고등학생이 이런 답변을 할 수 있을까? 이처럼 불평등은 청소년의 영혼까지 병들게 하고 있다.

불평등은 범죄도 키운다. 경찰청 자료를 보면, 장기불황의 그늘이 드리워진 지난 5년 동안 생계형 범죄가 두 배나 증가했다. 2014년 국회 안전행정위원회 소속 박남춘 국회의원이 제공받은 자료에 따르면, 2010년 9만 6,027건이었던 100만 원 이하 소액 강도 및 절도 사건은 2014년 19만 1,590건으로 증가했다. 살아남기 위한 발버둥이 범죄로 이어진 것 같아 안타깝다. 죄에는 벌이 따르게 마련이고, 살아남는 자만이 반드시 승자가 아닌 데도 말이다.

불평등의 유령이 이처럼 휩쓰는 데도 국가정책을 다루는 국회와 정부의 대응이 무엇인지 알 수가 없다. 국회는 친기업, 반기업 타령이고, 정부는 합리적 대안을 바탕으로 한 설득보다는 압박카드로 사회갈등만 증폭시키고 있다. 이해관계를 떠나 합리적 관점에서의 정책대안이 필요한 때다.

02 권력 불평등이 소득 불평등 이끈다

자본주의는 선량한 시민에게 건강한 몸으로 열심히 일하면 부자가 된다고 약속을 한다. 그 말을 믿고 열심히 일했으나 부자가 될 수 없었던 선량한 시민은 다시 자본주의를 찾아가 항변한다. 그러자 자본주의는 소득재분배를 하고 있으니 기다리면 기회가 있을 것이라고 달랜다. 선량한 시민은 다시 삶의 현장에서 열심히 일하며 기다렸으나 부자는 꿈이었을 뿐 그를 찾아오지 않았다. 가난은 평생 그를 떠나지 않았고, 자녀에게 물려줄 수밖에 없는 유산이 되었다.

한국과 같은 자본주의 사회에서 선량한 시민이 부자가 되기란 쉽지 않다. 국가의 부가 쌓이면 개인도 부자가 될 기회가 있는데 한국은 반대로 가고 있다. 경제개발협력기구(OECD, 2016)의 보고서에 의하면, 한국의 GDP 대비 가계소득 비율은 1995년 69.6%에서 2014년 64.3%로 5.3%포인트 떨어졌다. 그 낙폭은 OECD 회원국 중 오스트리아의 5.8%포인트에 이어 두 번째다. 이웃 나라 일본은 3.2%가 올라 불평등 구조가 개선된 것과는 대조적이다.

GDP 대비 가계소득 비율 하락은 정부, 기업, 가계의 비중에서 가계의 몫이 줄어들고 기업의 몫이 늘었다는 의미다. 그러니 소득 대비 가계부채 비율이 늘어날 수밖에 없다. 한국은행에서 제공받은 자료를 기초로 국회 정무위원회 소속 김기준 국회의원이 분석한 자료에 의하면,

2010년 소득 대비 가계부채 비율은 152.4%였으나, 2015년에는 169.9%가 늘었다. 가계를 희생으로 기업이 배를 불린 결과다. 한국에서 선량한 시민이 부자가 되기 어려운 이유다.

가난하면 오래 살지도 못해 억울한 일이 많다. 부자는 오래 살고, 가난한 사람은 명도 짧다는 것은 과학적으로도 증명된 사실이다. 미국인의 경우 소득상위층 10%는 하위 10%보다 7년이나 더 산다(Chetty et al., 2016). 한국보건사회연구원과 보험연구원의 연구 결과도 비슷하다. 하위소득층에 비해 상위소득층이 오래 살고, 삶의 질도 더 높다는 결과가 나왔다(오승연, 2016; 우해봉, 2011).

국민연금에는 소득재분배 기능이 있어 월액을 기준으로 가난한 사람은 덜 내고 더 받고, 부자는 더 내고 덜 받는다. 잘살든 못살든 모두들 국민연금에서 부자가 가난한 사람들에게 베푸는 선으로 여기고 있다. 그러나 일생 동안 받는 총액 기준으로 하면 정반대다. 하위소득자는 생존기간이 짧아 연금수령기간도 짧고, 일생 동안 받는 총액이 그만큼 줄지만, 상위소득자는 수령기간이 길어 총액이 늘기 때문이다.

미국에서 연금의 평균 소득대체율은 45%지만 상위소득층의 소득대체율은 30%선, 하위소득층의 그것은 60%선(Scruggs, 2006)이어서 저소득층의 억울함이 약간이나마 차감된다. 한국은 미국처럼 이 해소 장치도 없다. 국민연금에는 소득이 올라가더라도 일정 수준까지만 보험료를 내는 장치가 소득 상한인데, 현재 421만 원으로 소득 10분위 중에서 6분위 평균소득 419만 원 수준이다. 7분위 평균소득 477만 원보다 낮다. 소득 6분위 이상의 연금 보험료가 같은 구조에서는 소득재분배 기능은 없다. 소득 8, 9, 10분위가 보험료를 더 내야 소득재분배 기능이 산다.

그런데 보험연구원의 한 보고서는 소득 상한을 올리면 재분배가 오히려 약화된다고 주장한다(최장훈 · 강성호, 2016). 다각적 고려는 하지 않고 소득 상한을 높이면 보험료 수입은 늘지만 연금수령액이 많아진다는 게 그 이유인데 아마도 국민연금의 금융상품 기능만 강조하고 소득재분배 기능을 무시한 연구 결과인 것으로 보인다.

한국의 소득재분배 기능은 소득세에서도 취약하다. 누진제의 불평등 완화 효과가 약하다. OECD 회원국 24개국을 대상으로 누진제의 소득재분배 효과를 분석한 결과 한국은 23위다(Joumard et al., 2012). 금융연구원에서도 소득 불평등을 완화하려면 소득세의 최고세율 인상이 불가피하다고 누진제 강화를 주장(박종규, 2016)할 정도다. 한국도 소득세 최고세율이 70%였던 적이 있었다. 50% 이하로 하락한 것은 1994년 이후였음을 감안하면 되돌려 놓는 정책이 필요하다.

현재대로라면 한국에서 소득재분배 기능으로 소득 불평등을 해소하기 어렵다. 에드워드 로이스(Royce, 2009)가 말했듯이 부자들에 의한 조종 때문인지 모른다. 기업이 이익을 독식하고 나누지 않으려 한다고 비판하면 서민들이 앞장서서 기업이 살아야 일자리를 만든다고 기업을 두둔한다. 분배를 경제의 중심에 두고 가계소비가 기업소득을 늘려 성장을 이끌어가는 분수효과 성장론을 제시하면 서민이 먼저 사회주의적 발상이라 비판한다. 부자들의 조종 탓일 가능성이 높다.

조종당하지 않으려면 권력의 재분배가 필수조건이다. 권력의 재분배는 정책결정 과정에 건전한 시민참여의 길을 확대하는 것을 의미한다. 다행히 제20대 국회의원 총선에서 야당이 다수당이 되는 정치 지형의 변동이 생겼다. 여당은 협치를 선언했다. 시민사회에도 좋은 기회다. 건전한 시민사회 활동과 더불어 권력 재분배를 요구할 절묘한 시점이다. 조종받지 않는 권력 재분배만이 서민도 부자가 될 수 있는 사회를 건설하는 길이다.

03 정치적 불평등은 어디까지인가

대한민국의 자부심은 반세기 만에 산업화와 민주화를 동시에 달성한 세계 유일의 국가라는 점이다. 산업화는 고도성장의 밑거름이 되어 2015년 시가(current price) 기준 1인당 국민소득은 2만 7,000달러를 넘겼다. 잘사는 나라처럼 보이던 스페인이나 포르투갈도 우리 아래다. 3만 2,000달러로 세계 25위 일본보다 네 계단 아래인 29위가 한국이다. 구매력평가(Purchasing Power Parity: PPP) 기준 1인당 국민소득을 보면 일본은 29위이고 한국은 30위이다(World Bank, 2015). 한 계단 앞에 일본이 있다.

정치적으로도 민주주의 국가라는 점에서 크게 손색이 없다. 정부 수립 후 4 · 19, 5 · 16, 유신, 부마항쟁, 그리고 5 · 18 등 고비는 있었지만 정치위기를 극복한 나라가 한국이다. 무엇보다도 분단과 6 · 25 전쟁이라는 불리한 여건도 우리 앞에는 큰 장애가 되지 않았다. 민주화를 위해 한 걸음 한 걸음 내디딘 결과가 오늘의 정치발전이다. 민주화의 성공으로 대통령을 국민 손으로 직접 뽑고, 5년마다 정권교체도 된다. 광역자치단체와 기초자치단체로 나누어 실시되는 지방자치도 외형적으로는 안정적이다.

그런데 산업화와 민주화의 그림자가 너무 진하다. 소득 불평등이 아시아 국가 중 가장 심각하다. 국제통화기금(IMF)의 보고서에 의하면, 한국의 소득 상위 10%가 전체 소득에서 차지하는 비중은 45%에 이른다. 싱가포르는 42%, 일본은 41%, 뉴질랜드는 32%이다(Jain-Chandra et al., 2016). 2016년 2월 기준 15~29세 청년실업률은 12.5%로 1999년 통계 작성 후 최고치다. 2016년 1월의 청년실업률은 9.5%였다(통계청, 2016). 고도성장이 불평등 심화라는 사회경제적 문제를 초래했다는 증거다. 지식인을 비롯한 국민 대다수가 이런 불평등의 심화를 심각하게 받아들이고 있다.

정치적 불평등은 특정 집단의 정치권력 독식을 뜻한다. 직선 대통령도 독식이 지나치면 독재로 불릴 수 있다. 독식은 권력자에 대한 추종으로 이어지고, 반대급부로 자리가 제공되기 때문이다. 전·현직 대통령과 그 추종세력을 보면 알 수 있다. 청와대에 입성하면 장·차관과 공공기관장 등 자리가 그들에게 제공된다. 전문성보다 권력과의 거리순으로 기관장, 임원, 심지어 비상근 자리까지 챙긴다는 말도 돈다. 이런 정치적 불평등 풍토에서 계파가 자라고, 줄서기가 일상화되지 않을 수 없다. 정치적 불평등의 폐해는 중국의 꽌시(關系, 관계라는 뜻으로 일반적으로 인맥을 뜻함)를 방불케 한다는 지적도 있다.

계파 싸움은 총선 때만 되면 치열해진다. 과거에는 양김의 상도동계와 동교동계가 있었지만 최근에는 고 노무현 대통령의 친노, 이명박 전 대통령의 친이, 박근혜 대통령의 비박, 친박, 진박 등이 있다. 더불어민주당 문재인 전 대표의 친문과 김종인 비상대책위원회 대표의 친김이 가세할 태세다. 한때 "친이에 의한 친박 학살"로 친박연대가 급조되었지만, 이제 친박에 의한 공천 탈락자 중심의 비박연대가 거론되기도 했다. 선거 때마다 친○가 등장하여 피선거권의 기회균등보다는 상대편 찍어내는 기회박탈 행태는 정치적 불평등의 극단적 사례다. 이것이 우리의 정치 현실이다.

계파가 있어도 계파 간 공정 경쟁을 하면 정치적 불평등은 해소될 수 있는데 우리는 그렇지 않다. 제20대 총선에서 여당의 당대표는 비박이고, 공천관리위원장은 친박이었는데 두 인사 사이에는 미국 공화당 대선 후보 트럼프(D. Trump) 수준의 막말이 오갔다. 신문에서 본 당대표와 공천관리위원장의 언사가 가관이었다. 무식한 소리나 침 뱉는다는 저속한 말도 예사였다. 미국 공화당 지도부는 트럼프에게 경고를 보냈는데 우리는 지도부부터 막말이었다. 독식을 놓고 벌이는 싸움이라 그런지 상대에 대한 배려는 전혀 찾아볼 수 없었다.

야당 쪽을 보자. 안철수·김한길 의원이 국민의당을 창당했다. 친노 패권주의를 넘어 정치적 평등이 명분이었지만, 창당 주역인 김한길 의원은 안철수와 결별 상태다. 선거 기간 중에는 추가 합류한 천정배 의원을 포함한 3인의 갈등으로 분위기가 심상치 않았다. 친정집과 호남을 두고 벌인 지역 쟁탈전은 제20대 총선에서 재미있는 관전 포인트였다. 이제 국민의당이 호남의 맹주가 되었다.

그들이 떠난 야당은 더불어민주당으로 당명을 바꾸고 비상대책위원회를 꾸렸는데 그 중심에 김종인이라는 인물이 섰다. 그는 새누리당 국민행복추진위원회 위원장이었고, 지난 대선 때 박근혜 후보 참모였다. 그가 박근혜 후보와 싸웠던 문재인 후보 진영에 가 친노 다수를 공천에서 배제했다. 아무 배나 갈아타는 야릇한 선택이 정치의 일상인지 몰라도 그의 손을 거쳐 간 야당 공천이 참으로 아이러니였다. 그런데 친노의 좌장이라 일컫던 이해찬 의원이 선거전에서 살아 귀환했다.

그나마 대한민국의 불평등 정치 풍토에서 희망의 불씨는 선거 결과였다. 여당은 혹독한 심판을 받아 과반수는커녕 다수당의 지위마저 빼앗겼다. 더불어민주당은 1석 더 많은 제1당이 되었고, 국민의당은 더불어민주당을 물리치고 호남을 양손에 거머쥐었다. 마치 삼국지를 보는 듯한 정치 지형이지만 이합집산이 심한 대한민국의 정치 풍토에서 이 구도가 보이지 않는 손의 장난에 의해 언제 깨질지 두고 볼 일이다.

국민이 만들어 준 정치 지형을 인위적으로 깨는 것은 권력자의 권력남용이자 정치적 불평등의 극치인 데도 대부분의 사람들은 그렇게 예측하고 있는 듯하다. 국민의 훈련받은 무기력(trained incapacity)이라고나 할까? 이제 잘못을 잘못으로 보지 않는 데 익숙해 있는 듯하다. 대한민국에서는 국민의 선택을 무시한 이 못된 정치인들의 장난을 정계개편이라고 부르기도 한다.

정치적 불평등 폐해는 경제적 불평등보다 심할 수 있다. 선택받은 집단과 버림받은 집단의 갈등이 끊임없이 이어지고, 그 갈등은 사회통합을 저해하기 때문이다. 현 여당에서 친이에 의한 친박 배제가 4년 전에 있었고, 이제 친박에 의한 친이와 비박 배제로 재현되는 등 악순환으로 이어지기도 한다. 한 집단의 정치권력 독식은 경제적 불평등을 가속화시킬 수도 있다. 특정 정치집단의 등장은 특정 경제집단과의 야합으로 이어질 수 있기 때문이다.

민주주의 원칙은 이렇다. 각인에게 기회가 균등히 배분될 때 국민으로부터 나온 권력은 정당성을 얻는다.

04 지역 양극화가 지방자치 뿌리 흔든다

지난 봄의 일이다. 전국 각지에서 온 150여 명의 지방공무원을 대상으로 강의를 한 적이 있다. 사회복지의 책임 소재가 중앙정부에 있는지 지방정부에 있는지에 대한 강의였다. 복지국가의 이면에는 중앙정부가 복지의 주체라는 의미가 깔려 있다는 것은 주지의 사실이지만 이제는 '복지지방(welfare municipality)'이라는 용어가 자주 등장한다(Trydegård & Thorslund, 2001)는 점을 상기시켰다.

복지지방은 북구의 복지국가에서 자주 등장하는 용어이다. 지역격차가 지나치면 복지국가가 위협받을 수 있기 때문에 지방이 복지의 주체가 될 수 있도록 다양한 지원 방안이 모색되어야 한다는 의미를 가지고 있다. 고령화의 골이 깊어가는 시점에서 대한민국의 지방에서도 지역주민을 위해 무엇을 해야 할 것인지에 대해 스스로 결정할 때라는 점을 강조하며 강의를 끝냈다.

강의가 끝난 후 경북의 한 오지에서 온 공무원이라고 자신을 소개한 한 남성이 손을 들었다. 그는 대뜸 예산이 없는데 어떻게 복지를 하느냐며 따지듯 말문을 열었다. 지역주민은 늙어만 가고 덩달아 지방세 세원까지 줄어드는 상황에서 복지는 허울좋은 구호일 따름이라고 항변했다. 지방이 복지의 주체가 될 수 없다는 말투였다. 흥분한 상태였는지 목소리조차 약간 떨리고 있었다. 재정자립도가 지극히 낮아 몹

시 어려움을 겪고 있다는 사실에 공감하지 않을 수 없었다.

아무리 어렵다고 해도 복지의 한 축을 담당해야 할 일선 지방공무원들이 복지에서 손을 떼고 싶을 정도라면 여간 심각한 문제가 아니다. 그러나 일면 이해가 되는 부분이 있다. 하나의 예로, 전국 시·군·구의 재정자립도 격차를 보면 알 수 있다. 이런 지역 양극화를 그대로 두고 지방자치를 할 수 있을지가 의문이다.

서울 강남구의 재정자립도는 전국에서 가장 높은 64.3%이다. 서울 중구와 서초구의 재정자립도도 60%가 넘는다. 서울 인근의 광주시, 성남시, 용인시, 화성시, 수원시 모두 재정자립도가 50%보다 높다. 재정자립도가 높으니 자연히 목소리가 크다. 지나친 점도 있지만 전국 1등 강남구는 한전부지 개발 계획을 놓고 서울시를 상대로 소송을 걸 수 있을 정도로 제 목소리를 낸다.

그러나 같은 기초자치단체지만 경북 영양군 재정자립도는 전국 꼴찌로 3.9%에 불과하다. 인접 지역인 청송군은 4.9% 수준이다. 전남 완도군은 5.0%, 신안군은 5.1%다. 전국에서 재정자립도가 10%에 미치지 못하는 시·군·구는 모두 59개에 이른다. 226개 시·군·구 중 59개라면 적은 비중이 아니다. 전북 김제시, 정읍시, 남원시, 그리고 경북 상주시를 제외하고 모두 군 단위다. 전국 82개 군 중에서 67.1%에 이르는 55개 군의 재정자립도가 10%도 되지 않는다. 군 단위의 이런 열악한 재정 상태로 지방자치가 가능하며, 복지의 주체가 될 수 있을까?

지방자치도 지방 스스로 만들어 쓸 수 있는 재원이 있어야 가능한 것과 마찬가지로 지방이 복지의 주체로서 역할을 하는 복지지방도 예산이 있어야 가능하다. 지방의 여건을 분석한 결과 재정자립도만이 아니라 예산총액에서 차지하는 복지예산의 비중에서도 기초자치단체 간 양극화가 심각한 수준이다.

광주 북구는 62.7%이고, 대구 달서구는 62.1%인 데 비해 경북 울릉군은 6.78%에 불과하다. 전남 신안군은 11.9%, 경북 군위군은 12.3%이다. 복지예산 비중이 낮은 61개 지역 모두 군 단위 지방자치단체다. 여기에 비해 복지예산의 비중이 높은 순으로 1등부터 50등까지는 모두 구 단위의 지방자치단체다. 구 단위는 대도시 지역이고, 군 단위는 농어촌 지역이다. 복지예산 비중만 보더라도 군 단위와 구 단위 지자체 간 격차가 이 정도로 크다.

복지예산의 비중은 군 단위 지자체가 가장 낮지만 인구 고령화는 군 단위가 가장 심각하다. 구 단위의 평균 인구 고령화 비율은 12.6%인 데 반해, 군 단위의 평균 고령인구 비율은 25.6%여서 이미 초고령사회에 접어들었다. 고령인구 비율이 30% 이상인 군 단위도 30개에 이른다. 82개 군 중에서 30개의 고령인구 비율이 30%가 넘는다는 것은 여간 심각한 문제가 아니다. 특별대책 수립이 필요하다. 고령인구를 보살필 케어복지 수요는 늘어나는데 예산은 턱없이 부족하기 때문이다. 지방세 세원도 부족하여 자체 조달의 길은 요원하다.

시 · 군 · 구는 중앙정부의 소중한 정책파트너다. 시 · 군 · 구의 행 · 재정 격차가 크면 복지 격차도 클 수밖에 없다. 지방의 행 · 재정 수준과 복지수준이 동등할 수는 없지만 격차가 지나치면 지방자치의 근간이 흔들린다. 지역갈등으로 이어질 가능성도 크다. 전국 곳곳에서 벌어지고 있는 지역갈등도 속내를 들여다보면 지역 격차가 원인인 경우가 많다.

대한민국의 불평등은 지역 양극화 현상까지 만들고 있다. 지역 양극화는 무서운 사회 병리 현상 중 하나다. 지방이 건강해야 대한민국이 건강하다. 지역 양극화 병이 더 깊어지기 전에 지역 격차 해소를 위한 종합대책이 시급하다.

05 노년층, 불평등에 시달려도 정책은 없다

인구 고령화가 지속되면서 노인에 대한 새로운 개념 정의가 필요한 시점이다. 이웃 나라 일본은 그렇게 한다. 일본은 2016년 현재 65세 이상 노인인구 비율이 27.3%에 이른다. 우리의 두 배다. 20년 후면 38%가 되고, 인구감소가 시작된다. 그래도 일본은 인구절벽을 두려워하지 않는다. 노인은 생산인구이자, 최대의 소비인구라는 새로운 개념으로 노인정책 방향을 선회했기 때문이다. 실제로 일본 화장품 회사 폴라(POLA)는 80~90대 노인을 수천 명이나 고용했고, 최근에는 100세가 넘는 여성을 채용해 화제가 되기도 했다(Christian Science Monitor, 2016).

노인인구 13.6%로 고령사회 문턱에 선 한국에는 그런 노인정책이 없다. 노인은 케어복지의 대상일 뿐 생산인구로 여기지 않는다. 심하게 말하면 노인을 애물단지쯤으로 보는 것 같다. 보건복지부 자료에 의하면, 노인학대 건수가 2011년 8,600건에 비해 2015년 1.4배 늘어난 1만 1,905건으로 집계되었다. 가해자 중 아들이 40.4%, 딸이 12.3%라니 절반이 가정에서 자녀에 의한 학대다. 손자녀와 친척을 포함한 가족이나 혈족에 의한 학대를 모두 합치면 1만 7,181건으로 전체의 86.6%에 이른다(김리안 · 이용권, 2016). 우리 노인들은 이처럼 가정에서 설 자리를 잃고 있다.

노인은 사회적으로도 불평등에 시달린다. 다른 인구계층에 비해 노인 불평등 지수가 높다. 한국 노년층의 지니계수(Gini's coefficient)는 경제협력개발기구(OECD) 회원국 중 칠레의 0.428에 이어 두 번째로 높은 0.422이다. 지니계수는 0에서 1 사이에 위치한다. 0은 완전평등, 1은 완전불평등이다. 0.40이 넘으면 매우 심각하다. 높은 연금과 임대소득이 있는 노인과 연금도 없이 시간제 일자리를 전전하는 노인들의 격차가 그만큼 심각하다는 증거다.

한국 노인은 생활고로 고통받는 비율도 가장 높다. 노인 빈곤율은 49.6%로서 OECD 회원국 중에서 최고다. 60세 이상 1인 노인가구의 67.1%가 빈곤상태다. 2010년에 71.0%, 2011년 71.1%로 증가하다가 2012년 70.1%, 2013년 68.3%, 2014년 69.4%로 약간 나아졌지만 여전히 높다(김복순, 2016). 노인인구 증가와 함께 1인 노인가구도 늘고 있는데 이들 중 3명당 2명이 빈곤층이라니 노년층을 이렇게 방치해도 되는지 모르겠다.

노인 빈곤율이 높아 퇴직을 해도 일하지 않으면 살기 어려운 나라가 한국이다. 남성을 기준으로 할 때 공식은퇴연령은 61세지만 일을 하지 않으면 생활이 어려워 일자리를 붙들고 있는 유효은퇴연령은 72.9세다. 유효은퇴연령은 노동시장에서 완전히 빠져 더 이상 경제활동을 하지 않는 연령을 의미하는데, 공식은퇴연령과의 격차가 11.9년으로 세계에서 가장 크다. 멕시코는 7년, 칠레는 5.9년이다. 이웃 나라 일본은 4.3년에 불과하다(OECD, 2015).

공식은퇴연령 이전에 퇴직을 해도 생활고에 시달리지 않을 정도로 사회보장 시스템이 갖추어져 있어야 선진국이다. OECD 회원국 34개국가 중 20개국이 이런 나라들이다. 스칸디나비아 3개국뿐 아니라, 미국, 영국, 독일, 오스트리아 등에서도 두 은퇴연령이 유사하거나 유효 은퇴연령이 오히려 낮다(OECD, 2015). 이런 나라에서는 정해진 퇴직연령보다 앞당겨 은퇴를 해도 생계유지에 문제가 없는 노년층의 비중이 그만큼 높다. 연금제도가 미비되어 있는 한국은 그렇지 못하다.

한국 노년층의 일자리는 대체로 비정규직과 시간제 중심이다. 한국노동연구원의 최근 보고서에 의하면, 노년층의 경우 제조업, 농림어업, 부동산임대업 종사자는 줄고, 보건업 및 사회복지서비스업은 증가 추세다. 증가 추세에 있는 노년층 일자리는 양질이라기보다는 사회복지시설의 의료보조서비스 직종이고, 남성보다는 여성의 일자리가 대부분이다(김복순, 2016). 노년층의 자영업 비율도 2005년 51.6%에서 2015년 현재 39.4%로 줄었다. 노년층의 자산 고갈로 자영업 창업 여력이 줄어든 결과라고 해석된다.

노인의 삶이 불안하면 노인 구매력이 살아나지 않고 내수경기 회복이 어렵다(Bloom, Canning, & Sevilla, 2003). 우리도 노인에 대한 정의를 다시 해야 한다. 55세부터 65세까지를 젊은 노인 혹은 신중년, 65세부터 75세까지를 중년노인, 그리고 75세 이상을 노년노인으로 분류한 후 55세부터 75세까지의 인구를 생산인구로 편입하는 전략을 세워야 한다. 일본처럼 노인에게 적합한 제조업 일자리를 늘이는 정책 지원과 연령에 의한 차별대우를 엄격히 통제하는 정책 수단의 강화도 필요하다.

참고문헌

공정거래위원회(2014). 2011년 시장구조조사(광업 · 제조업 분야) 결과.

김리안 · 이용권(2016). "아들이 무서워"… 노인학대 40% 차지. 문화일보, 9월 30일.

김복순(2016). 고령층 고용구조 변화와 소득불평등. 『노동리뷰』. 2016(9): 65-76.

박명호(2012). 초고소득층의 특성에 관한 국제비교. 조세재정연구원.

박종규(2016). 소득불평등 완화를 위한 조세정책의 역할. 『주간금융브리핑』, 25-17.

오승연(2016). 소득계층별 기대여명 격차와 노후소득. *KIRI Weekly*, 378: 1-5.

우해봉(2011). 국민연금 가입자의 소득계층별 차별 사망력과 기대여명. 『사회복지정책』, 38(1): 113-140.

이상영(2015). 한국사회의 사회 · 심리적 불안의 원인분석과 대응방안. 한국보건사회연구원.

최장훈 · 강성호(2016). 국민연금의 소득상한 인상 타당한가. 보험연구원.

통계청(2016). 2016년 4월 고용동향.

Bloom, David E., Canning, David, & Sevilla, Jaypee(2003). The Demographic Dividend: A New Perspective on the Economic Consequences of Population Change. Santa Monica, CA: RAND.

Chetty, R., Stepner, M., Abraham, S., Lin S., Scuderi, B., Turner, N., Bergeron, A., & Cutler, D.(2016). The association between income and life expectancy in the United States, 2001-2014. *Journal of the American Medical Association*. Published online April 10, 2016, e1-e17.

Christian Science Monitor(2016). Japan turns silver into gold. *The Monitor's View*, September 21.

Dolan, K. A., & Kroll, L.(2015). The 100 richest tech billionaires around the globe. *Forbes*. 8/05/2015.

Jain-Chandra, S., Kinda, T., Kochhar, K., Piao, S., & Schauer, J.(2016). *Sharing the growth dividend: Analysis of inequality in Asia*. IMF Working Paper.

IMP.

OECD(2015). Ageing and Employment Policies: Statistics on Average Effective Age of Retirement. <http://www.oecd.org/>

______(2016). Economic Policy Reforms 2016: Going for Growth. Paris: OECD.

Royce, E.(2009). Power and Poverty. Lanham, MD: Rowman & Littlefield.

Scruggs, L.(2006). The generosity of social insurance, 1972–2002. *Oxford Review of Economic Policy*, 22(3): 349–364.

Trydegård. G., & Thorslund, M.(2001). Inequality in the welfare state? Local variation in care of the elderly–The case of Sweden. *International Journal of Social Welfare*, 10(3): 174–184.

World Bank(2015). GDP per capita. http://data.worldbank.org/indicator/NY.GDP.PCAP.CD.

제 2 장

연금 불평등이 불평등 미래 낳는다

01 불평등 국민연금으로는 미래가 없다

평생을 가난하게 살았다면 정년 후 노인이 되어서도 심한 가난에 내몰릴 가능성이 높다. 상상하기조차 싫은 일이지만 이것이 남의 이야기가 아니다. 노인 빈곤율이 49.6%에 이르는 대한민국 노년층의 이야기다. 물론, 개인에게 가난의 책임이 없는 것은 아니지만 노후의 삶이 이처럼 비참할 수밖에 없도록 만든 데에는 공적연금, 즉 국민연금이 제구실을 못하고 있다는 것도 크게 작용한다.

경제협력개발기구(OECD)는 선진국 클럽인데, 회원국 중 24개 국가를 대상으로 공적연금의 소득재분배 효과를 분석한 자료를 해마다 내놓고 있다. 한국 공적연금의 재분배 효과는 계속 꼴찌를 맴돈다(Joumard et al., 2012). 각종 세금에 누진제를 적용하여 만들어지는 세금의 재분배 효과보다는 국민연금이나 기초연금과 같은 공적연금의 재분배 효과가 더 의미 있는 결과를 만들어내는데 우리는 정년을 넘기고도 가난한 사람은 더 가난하고, 부자는 더 부자가 된다. 그래서 한국 노인들은 어느 연령계층보다 더 심각한 불평등을 느낀다. 국민연금이 만들어내는 역진성이 그렇게 몰고 가는 것 같아 참으로 안타깝다.

국민연금은 청년층에게는 미래의 삶이고, 노년층에게는 현재의 삶이다. 고령사회로 진입할수록 연금의 중요성이 더해진다. 현재와 미래 노인의 생계를 책임질 노후보장의 근간이기 때문이다. 65세 이상 노인인구는 2011년에는 전 인구의 11.3%였는데 불과 5년 만에 13.6%로 증가했다. 우리는 현재 고령사회의 문턱에 서 있는 형국이다. 2020년에는 노인인구 20%가 넘는 초고령 사회에 이를 전망이다. 노인인구는 급속히 증가하여 2030년에는 4명당 1명, 2050년에는 3명당 1명이 노인인 사회가 된다.

국민연금을 바로잡지 않으면 빈곤노인의 수가 폭증하고, 노인빈곤이 심화되어 애써 가꾸어 놓은 경제성장이 물거품처럼 산화될 위기에 직면할 수도 있다. 국민연금 총가입자 수는 2014년 현재 2,113만 명으로 경제활동인구 2,627만 명의 80%에 해당된다. 1988년 출범 당시 총가입자 443만 명에 비하면 크게 증가했다(통계청, 2016). 그만큼 국민연금에 대한 기대가 높다는 증거이다. 만약 기대에 부응하지 못하면 남미나 유럽에서처럼 연금위기가 국가위기로 이어져 국가가 추락의 나락으로 떨어질 가능성도 있다.

국민연금을 보면 미래가 어둡다. 국민연금은 사회보험이기 때문에 사회 안전망과 금융상품 기능을 동시에 충족해야 한다. 그런데 두 기능 모두 부실하다. 국민연금은 소득 하한선과 상한선을 설정한 후 보험료를 징수하고 연금을 주는 구조다. 2015년 현재 하한선은 27만 원이고 상한선은 421만 원이다.

하한선 27만 원을 기준으로 월보험료 2만 4,300원을 20년 간 내면 연금은 매월 25만 원을 받는다. 보험료는 기준소득의 9%이다. 100만 원을 기준으로 월보험료 9만 원을 내면 20년 후 매월 32만 5,680원, 200만 원을 기준으로 보험료를 내면 43만 560원, 300만 원은 53만 5,430원, 400만 원은 64만 310원, 상한선 421만 원은 66만 2,330원의 연금을 받는다. 이 금액으로는 최저생계를 유지할 수 없다. 최고 연금을 받아도 2015년 최저생계비 61만 7,281원을 간신히 넘기는 수준이다. 따라서 금융상품으로서의 기능도 없고, 사회 안전망 기능도 취약하다.

소득재분배 기능은 연금보험의 상한선과 하한선을 연결하는 등급체계를 보면 알 수 있는데, 정말 엉망이다. 1988년 출범 당시 국민연금은 45등급으로서 최저 1등급의 소득이 22만 원, 최고 45등급의 소득이 360만 원이었다. 이 등급체계는 물가를 기초로 주기적으로 조정되어야 하는 데도 20년이 넘도록 방치해 두다가 2010년에야 비로소 국민연금법과 시행령을 개정하여 물가상승 반영 근거를 마련했다. 2011년 하한액은 22만 원에서 23만 원으로, 상한액은 360만 원에서 375만 원으로 조정하는 데 그쳤다.

2015년 기준 하한액은 27만 원, 상한액은 421만 원은 현실과 동떨어져 있다. 월소득이 421만 원 이상이면 소득이 1,000만 원이든 2,000만 원이든 상관없이 모두 연금 보험료도 같고 연금 급여도 같다는 의미이다. 상한액 421만 원은 2015년 도시근로자 가구당 월평균 소득 481만 원보다 60만 원이 적은 금액이다. 정책은 현실을 반영할 수 있어야 하는데 상한선이 이렇게 설정되어 있으니 재분배 기능이 살 수가 없다. 더 받아야 할 사람에게서 더 받아내지 못하니 재분배가 될 수 없다는 뜻이다.

도시근로자 가구당 평균소득이 481만 원 이하이면 정부에서 제공하는 시프트(shift) 입주 권한이 있는 일종의 저소득층으로 분류된다. 그런데 이 정도 소득이 국민연금에서는 고소득층으로 분류된다. 또한, 고소득층이기 때문에 자신보다 소득수준이 낮은 사람에게 분배를 해줘야 하는 입장에 선다. 이들은 복지 프로그램을 통해서 재분배를 받아야 하는 사람들인 데도 불구하고 국민연금에서는 신분을 상승시켜 보험료는 더 내고, 연금은 덜 받는 소득그룹으로 둔갑을 시키다니 국민연금만 보면 부자 우대, 가난한 사람 천대 사회에 살고 있다.

1988년 출범 당시 소득분포를 보면 최저 10분위 소득은 31만 6,239원이었고, 최고 10분위 소득은 208만 5,117원이었다. 당시 국민연금의 등급기준 소득은 표준보수월액이었기 때문에 국민연금 최저 1등급의 소득이 22만 원이면 실제소득은 최저 10분위의 소득수준인 31만 원과 비슷한 수준이었다. 국민연금 최고등급 360만 원은 당시 최고 10분위 소득 208만 원보다 더 높았다. 따라서 사회보험으로서 소득재분배 기능을 제대로 갖추고 있었다.

2015년 현재 국민연금 최저 1등급의 하한선 27만 원도 이해할 수 없다. 정부에서 정한 2015년 기초생활수급자 1인 가구 자격요건이 43만 7,454원, 4인 가구 자격요건은 118만 2,309원이다. 국민연금의 소득하한액 27만 원은 1인 가구 기초생활수급자 최저소득보다 16만 원이 더 적다. 기초생활수급자 기준이 허수가 아닌 한 소득이 27만 원이면 빈곤층이며, 생계비를 지원받아야 할 사람들이다. 보험료를 낼 여력이 없기 때문에 이들은 기초연금 대상자들이다.

국민연금 소득 상한액 월 421만 원은 어이없는 수치이다. 이 월급이면 연봉 5,052만 원으로 대기업 중간간부의 소득에도 미치지 못한다. 고용노동부 자료에 의하면, 유노조 기업의 근로자 평균임금은 월 430만 원이고, 무노조 기업의 평균임금은 247만 원이다. 국민연금 소득 상한선은 유노조 기업의 근로자 평균소득보다 낮은 수치이다. 평균

임금에도 미치지 못하는 금액이 국민연금 소득 상한선이라면 하급간부 이상이면 모두의 연금 보험료가 같다. 이런 상황에서 소득재분배 기능은 없다.

2015년 우리의 소득분포를 보면 최저 10분위 소득이 98만 73원이고, 최고 10분위는 975만 986원이다. 설계 당시 소득재분배 기능을 수행하려면 국민연금 등급체계에서 하한액과 상한액도 이와 유사한 수준으로 조정되어야 한다. 현재 국민연금 보험료 납부 기준으로 삼고 있는 소득 상한액 421만 원은 2015년 6분위 소득 413만 471원보다 약간 높을 뿐이다. 설계 당시대로라면 상한액은 975만 원 이상이어야 한다. 적어도 8분위 평균소득 547만 7,414원은 넘어야 한다. 그래야 고소득층에서 저소득층으로 소득재분배가 된다.

월소득이 250만 원이면 국민연금 등급체계에서는 중간 이상의 등급이고, 이보다 소득수준이 높으면 재분배를 해야 한다. 소득수준 250만 원은 10분위 소득분포에서 3분위 소득인 256만 6,973원보다 낮다. 저소득층에 속하는 3분위까지도 재분배를 해야 하는 역진적 구조를 갖춘 제도가 국민연금이다.

국민연금 상한액도 지금처럼 1년에 7만~8만 원 올리는 데 그친다면 50년이 지나도 개선되지 않는다. 급진적 개선은 무리지만 역진적 국민연금 제도는 고쳐야 한다. 현재처럼 저소득층과 중산층을 더 이상 희생시킬 수는 없다. 하루 빨리 불평등을 악화시키는 역복지적 국민연금에서 불평등을 개선하고 노후보장을 책임지는 국민연금으로 거듭나야 한다.

02 국민연금, 더 주는 게 맞다

여야가 '더 내고 덜 받는' 공무원연금 개혁안에 합의했으나 국민연금 명목소득 대체율을 40%에서 50%로 올리기로 한 내용 때문에 본회의 처리가 무산된 적이 있다. 국민연금 올려주는 것에 대한 여론의 질타 때문이었다. 청와대는 '월권'이라 했고, 관계 부처 장관은 반발했다. 일각에서는 국민적 공감대가 없어 문제라는 지적도 했다. 국민을 위한 정부라면 국민연금, 더 주는 게 맞다.

현재 국민연금은 휴지조각 수준이다. 노인 빈곤율은 50%에 육박하여 경제협력개발기구(OECD) 회원국 중 한국이 가장 높다. 연금의 명목소득 대체율도 OECD 회원국 평균 57.9%보다 낮은 40% 수준이다. 국민연금의 명목대체율을 50%로 올려도 평균에 못 미친다. 이런 노인 무시 정책 때문인지 노인 자살률은 OECD 회원국 중 1등이다.

국민연금은 설계 당시 40년 가입 기준으로 명목대체율은 70%였다. 1998년 60%로 내렸고, 2007년에는 40%까지 인하하기로 했다. 가입 기간 40년 간 월평균 소득이 200만 원이면 연금은 40% 소득대체율 기준으로 명목상 80만 원이다. 현실은 평균 가입 기간이 20년 내외여서 실질대체율은 명목대체율의 절반이다. 따라서 생애 월평균 소득이 200만 원이면 실질대체율은 20%로 줄고 연금은 80만 원이 아니라 40만 원이다. 이 돈으로는 기초 생계도 어렵다.

소득대체율 인하로 재정건전성을 해결하려 한다면, 국민연금은 휴지조각이란 오명을 벗을 수 없다. 빚 갚으려고 굶으면 빚이 갚아지는 게 아니다. 영양실조로 병이나 건강도 잃고 세상도 잃는다. 재정건전성 강화를 위한 답은 여러 곳에 있다. 연금피크제 도입이나, 국민연금 연금 보험료 및 급여수준 결정의 기초가 되는 소득구간 조정 방식도 있다.

공적연금과 사적연금의 짝짓기, 즉 중층연금도 대안이다. 대안으로 제시한 연금피크제는 1994년 스웨덴에서 전 세계로 전파된 명목확정기여연금(NDC)의 숨겨진 제도다. 일정 연령에 도달하거나, 부부가 함께 동종의 연금을 받거나, 연금 대신 일을 택할 경우 급여를 줄이는 제도다. 스웨덴의 노인 비율은 20%에 이르지만 NDC 정착으로 재정건전성과 보장성을 동시에 해결했다(Selén & Ståhlberg, 2007).

국민연금 소득구간은 1989년 출범 당시 월소득 최저 22만 원과 최고 360만 원 사이를 45등급으로 구분했다. 당시 월소득 360만 원은 상위 10%의 소득수준이었다. 소득구간은 매년 조정이 되어야 하는데 정부는 20년 간 방치하다 2010년에야 물가연동을 시작해, 2016년에 최고소득은 421만 원이 되었다. 월소득 421만 원은 6분위 수준이다. 정상 조정되었다면 최고소득은 421만 원이 아니라 현재 10분위 평균소득 990만 원 정도여야 한다.

또한, 2015년을 기준으로 할 때 연금 급여 산정을 위한 45등급의 소득구간을 살펴보면 그 기형적 현상을 알 수 있다. 전체 가입자의 2.2%가 모여 있어야 하는데 최저 1등급 24만 5,000원에서 12등급 59만 5,000원까지 합쳐야 비로소 2.4%가 된다. 2015년 최고 등급인 408만 원 이상 구간에는 14.1%가 몰려 있다. 그래서 대기업 과장부터 회장까지 국민연금 보험료도 같고, 연금 급여도 같다. 이 기형적 소득구간을 조정하면 재정건전성이 높아진다.

국민연금의 기형적 소득구간이 2016년부터 수정되기는 했지만 세분화되었을 뿐 개선되지는 않았다. 이전 소득구간은 45등급이 기준이었는데 수정된 소득구간은 소득 하한선 27만 원에서 상한선 421만 원까지 396등급으로 구체화되었을 뿐이다. 소득 상한선이 8분위 평균소득 이상으로 개선되지 않으면 국민연금의 재분배 기능은 작동하지 않는다. 소득구간 개선과 재분배 기능의 조정으로 국민연금의 재정건정성을 얼마든지 높일 수 있다.

공적연금과 사적연금의 짝짓기, 즉 중층연금 도입으로 재정건전성을 높일 수 있다. 퇴직연금이 좋은 예다. 국민연금 부족분을 퇴직연금으로 보충하는 구조다. 그런데 대기업의 퇴직연금 가입률은 91%이지만, 중소기업은 16%에 불과하다. 중소기업 근로자의 가입률을 높여야 퇴직연금이 제 기능을 한다. 또한 자영업자와 농어민을 위한 준강제 가입 방식의 개인연금이 있으면 국민연금에 추가되어 보장성이 높아진다.

한국의 고령화는 심각하다. 전북은 65세 이상 노인 비율이 13.2%여서 고령사회 문턱인데 전남은 20%로 초고령 사회다. 시·군·구별로는 더 심각하다. 69개 구는 문제가 없지만 75개 시 중 전북 김제시 등 9개 지역과 86개 군 중 76개 군이 초고령 사회이다. 특히, 13개 군의 노인 비율은 이미 30%를 넘겼다.

노인은 밥만 축내는 계층이 아니다. 열심히 일했으니 휴식만 즐기

려는 사람들은 더욱 아니다. 경제의 한 축을 담당하는 소비 주도층이다. 노인이 구매력을 가져야 소비 주도 역할을 한다. 노인이 연금으로 안정된 삶을 사는 모습을 목격해야 청장년층이 지갑을 연다.

연금은 소비가 아니라 투자다. 노인이 지갑을 열어야 내수가 산다. 실버 상품 소비가 늘고, 실버 공장이 돌아간다. 실버 분야의 고용 창출로 이어지고 승수효과까지 달아서 사회로 귀환한다.

03 개인연금 도입보다 국민연금 손질이 먼저다

몇 년 전, 금융위원회 산하기관인 보험개발원이 "서민 대상 개인연금 도입을 추진하겠다."고 발표를 한 적이 있다. 비록 기자간담회 방식이었지만 저소득층이 노후에 대비할 수 있도록 정부가 일정 보조금을 지급하는 형태의 개인연금 상품을 집중적으로 개발한다는 내용으로 취지는 나쁘지 않다. 그러나 개인연금 도입은 기초노령연금, 국민연금, 퇴직연금과 더불어 논의해야 할 사안이어서 보험개발원장이, 그것도 기자간담회 방식으로 던질 수 있는 가벼운 정책대상은 절대 아니다.

연금은 매우 중요한 국가정책의 한 축이다. 연금은 금융자산이라는 경제 문제와 사회안전망이라는 복지 문제가 연결되어 있다. 연금으로 막대한 기금이 조성되기 때문에 미래 사회의 경영전략이 여기에서 나온다. 고령사회에 진입한 우리나라가 중지를 모아 초고령 사회에서 발생 가능한 사회경제 문제를 진단하고, 그 대비책으로 나와야 하는 정책 영역이 연금이다. 연금 개혁은 국가정책의 밑그림을 바꾸는 것이기 때문에 신중을 기해야 한다.

도입을 언급한 서민 대상 개인연금은 독일의 리스트 연금을 벤치마킹한다는 입장인 것처럼 보였다. 이 제도는 칠레 모형의 파생 제도로서 2001년 독일에서 도입했지만 성공적이라고는 평가하지 않는다. 독일은 사회보험 방식의 공적연금의 종주국으로서 자부심을 가지고 있다. 또한, 당시 예기치 않은 높은 실업률 때문에 가입자가 늘지 않아 2004년에는 일종의 명목확정기여(NDC, Notional Defined Contribution) 제도를 새로이 도입하지 않을 수 없는 상황이었다. 경기가 불안하면 가장 먼저 타격을 입는 서민을 대상으로 한 개인연금은 성공하기 어렵다.

우리나라는 독일 제도와 유사한 점이 많다. 사회보험 방식의 국민연금과 기업 중심의 퇴직연금이 있기 때문이다. 또한, 형식상으로 중층연금 구조를 갖추고 있다. 국민연금이 중심에 있고, 저소득층 대상의 무갹출 기초연금과 봉급생활자를 위한 퇴직연금이 있다. 취약한 부분은 자영업자를 위한 개인연금이 체계를 갖추지 못하고 있다는 점이다. 봉급생활자는 국민연금에 퇴직연금이라는 보충연금이 있지만, 자영업자는 국민연금 이외의 보충연금이 없다. 따라서 자영업자 대상의 연금은 고려해 봄직하지만 서민 대상의 개인연금은 맞지 않는다.

기초연금은 빈곤층과 서민 대상의 연금이다. 잘 운영하면 서민 대상의 개인연금 도입은 필요가 없다. 현재 기초연금은 65세 이상 노인의 70%가 받는다. 노인의 소득계층을 10등분할 경우 상위 30%는 대상이 아니지만 중산층과 저소득층 노인을 망라한 나머지 70%는 모두 기초연금 대상이라는 의미이다. 따라서 복지 포퓰리즘 사례 중의 하나로 지적된다. 서민 대상 개인연금 도입에 앞서 기초연금이 서민 대상의 연금이 되도록 원래 위치로 돌려놓는 작업을 선행해야 한다.

노인은 평생 사회를 위해 기여한 분들로서 존경받아야 마땅하지만 노인인구의 70%가 보호받아야 할 빈곤층이나 서민은 아니다. 기초연금의 대상 범위를 줄이고, 보호받아야 할 대상에게 급여를 더 주는 게 맞다. 그래도 문제가 있으면 다시 손질하는 것이 순서이다. 현재와 같은 기형적인 운영 방식을 바로잡지 않은 채 서민 대상 개인연금이라는 새로운 제도를 덮어씌우려는 것은 무책임한 발상이다. 정부가 지원하는 개인연금을 도입하려면, 서민만이 아니라 자영업자를 대상으로 해야 한다는 점을 강조하고 싶다.

연금 개혁에 관한 시급한 문제는 현행 국민연금의 손질이다. 현재 국민연금에서 소득수준이 가장 높은 45등급의 소득은 421만 원이다. 421만 원이면 중간소득층이지 고소득층이 아니다. 대기업의 경우, 과장 이상 모두가 최고등급이라면 재분배 기능이 있는 사회보험이라고 말할 수 없다. 최고등급이 40년을 연금 보험료를 내야 퇴직 후 받는 연금이 고작 120만 원 정도다.

이 돈으로는 노후를 살아갈 수 없다. 이명박 정부는 임기만료 전 2013년까지 최고등급을 460만 원으로 상향 조정하기로 해놓고 지키지 않았다. 박근혜 정부는 여기에 대한 언급조차도 없다. 국민연금이 바로 서지 않고 중층구조를 도입해도 불완전할 수밖에 없고, 지속가능한 연금제도가 뿌리를 내릴 수 없다.

04 국민연금과 기초연금 합칠 수 있을까

어떤 정책이든 정책에는 정책대상이 있고, 우선순위도 있다. 정책대상과 우선순위가 잘못 설정되면 정책실패로 이어질 가능성이 높다.

지금은 기초연금으로 그 이름이 바뀌었지만 박근혜 정부는 출범초 국민연금과 기초노령연금 통합을 선언했다. 그러나 재원 조달 방식과 지급 대상이 다른 두 연금의 통합이 옳으냐에 대한 우려의 목소리가 많았다. 기초노령연금의 재원은 국가 예산에서 나오고, 국민연금은 사회보험 방식으로 조달된다. 기초노령연금은 그 대상이 연금 사각지대에 놓인 빈곤층과 저소득층이고, 국민연금은 전 국민이다. 정책대상이 다른 두 연금을 통합하고자 한다는 것은 정책논리에도 맞지 않다.

박근혜 정부는 출범 전부터 기초노령연금의 재원 일부를 국민연금기금에서 조달하겠다고 했다가 거센 비판을 받은 바 있다. 그래서 국민연금에서 기초연금의 재원을 마련하지 않겠다고 해놓고, 두 연금의 통합을 추진하겠다니 이해할 수가 없었다. 논리적으로 맞지 않는 정책을 추진하겠다는 시도였기 때문이다.

연금계층의 다양화가 세계 각국 연금 개혁의 공식처럼 인식되는 상황에서 통합은 거꾸로 가는 개혁이어서 더욱 그랬다. 연금계층의 다양화를 전제로 연금 사각지대를 최소화하는 중층연금(multi-pillar pension) 도입은 세계은행(World Bank)과 경제협력개발기구(OECD)의 권고사항이기도 하다(World Bank, 1994). 중층구조에서 기초연금은 빈곤층과 저소득층, 국민연금은 전 국민, 퇴직연금은 임금근로자, 그리고 개인연금은 자영업자를 대상으로 하는 것이 연금의 정책논리이다.

우리도 개인연금만 없을 뿐 중층구조의 틀을 거의 갖추고 있다. 남은 과제가 있다면 최적의 운영방식을 찾는 과제만 남겨 놓은 상황이다. 그런데 중층구조에 역행하는 통합이라니 답답하다.

혹시 두 연금의 통합이 명목확정기여(NDC, Notional Defined Contribution) 제도의 도입을 위해서라면 더 문제다(Chlon－Dominczak & Mora, 2003). 이 제도는 1994년 스웨덴에서 시작해 이탈리아·폴란드·라트비아·키르기스스탄 등 국가에서 도입했다. 연금계층을 구분하지 않고 하나의 연금에 복층방식을 활용함으로써 연금적자 해소와 지속가능성을 높일 수 있다는 게 장점이다. 연금기금 일부를 개인소유의 주식처럼 투자에 활용할 수 있어 국민연금에 개인연금이 결합된 방식으로 운영된다. 그러나 이 방식은 점수제라는 복잡한 산식이 있어 투명한 사회가 아니면 성공하기 어렵다.

우리나라의 노인 빈곤율은 OECD 국가의 평균 13.5%보다 세 배 이상 높은 49.6%이다. 노인 빈곤만으로 보면 최빈국 수준이다. 고령화 진입 속도는 세계 1위인데 자녀로부터 부양을 기대하기도 어렵다. 미래의 노인은 연금에 의존해서 살아갈 수밖에 없다. 그런데 국민연금 급여 수준이 40%에 불과해 연금 가입기간이 40년이 되어도 수령액은 월 120만 원 정도이다. 그 이상은 없다. 최저등급의 소득은 월 27만 원이고 40년 불입하면 연금으로 월 27만 원을 받는다. 이 돈으로 생계가 유지될까?

국민연금의 가장 큰 문제는 최고등급의 소득이 1988년 연금제도 출범 후 거의 상향 조정이 되지 않았다는 점이다. 당시 최고등급의 소득수준은 360만 원이었는데 현재까지 인상액이 61만 원에 불과한 421만 원이다. 이렇다 보니 대기업의 과장부터 사장까지 국민연금 보험료가 모두 같고, 소득재분배라는 사회보험 기능을 수행할 수도 없다.

이 문제를 인지한 이명박 정부는 2013년까지 최고등급을 460만 원으로 상향 조정하기로 해놓고는 지키지도 않고 떠났다. 박근혜 정부는 이 같은 국민연금의 본질적 문제는 함구하고 기초노령연금과 국민연금을 합치겠다니, 그 실익이 무엇인지 궁금해진다. 통합에 앞서 국민연금 손질이 먼저인데도 말이다.

연금정책은 그 특성상 현재의 잘못으로 당장 문제가 발생하지 않는다. 10년, 20년 후에 문제가 된다. 보장수준이 지나치게 높으면 그리스나 스페인 같은 남유럽식의 국가 부도 사태가 발생하고, 지나치게 낮으면 1980년대와 1990년대의 남미식 노인 폭동이 터질 수 있다. 그래서 연금정책은 역사의 심판을 받는다.

연금정책에 관한 한 실패는 단순한 실패가 아니라 미래 세대의 생존과 직결된다. 때문에 연금제도의 틀을 바꾸는 정책에는 각별히 신중해야 한다.

05 기초연금은 조삼모사 대상이 아니다

허점이 많은 박근혜 대통령 당선인의 복지공약 실천방안이 나와 걱정을 한 적이 있었다. 기초노령연금 관련 공약실천 방안이 그랬다. 특히, 문제가 되는 것은 국민연금으로 기초노령연금 재원의 30% 정도를 마련한다는 발상이었다. 박근혜 후보 측은 선거 당시 기초노령연금을 두 배 늘려 65세 이상 노인 모두에게 주겠다는 공약을 했다. 이 공약의 실천을 위해 연간 약 7조 원의 재원을 마련하는 방안이 국민연금을 축내는 것이어서 황당하기까지 했다.

세계 각국은 지금 고령사회 대책에 심혈을 기울이고 있다. 일하는 사람은 줄고, 퇴직자는 늘어나 국민연금과 같은 사회보험이 국가를 재정위기로 몰고 갈 가능성마저 있기 때문이다. 천문학적인 연금 재정부담 문제 해결을 위해, 많이 내고 적게 받는 연금 개혁을 2007년에 단행했다. 그래서 연금 개혁 이전에는 불입기간 40년 최고등급의 연금 수령액이 월 150만 원 정도였지만, 지금은 월 120만 원 수준으로 낮아졌다.

국민연금 개혁으로 연금 수령액이 낮아지면 노후 생계유지가 어려운 사람이 늘 수밖에 없다. 최고등급의 연금 수령액은 월 120만 원이지만, 최저등급은 월 27만 원 정도이기 때문이다. 이 생계유지 부족분의 보완 장치가 기초노령연금이다. 그래서 두 연금의 재원조달 방법도 다르다. 국민연금은 연금 보험료로 재원을 조달하고, 기초노령연금은 국가 예산에서 재원을 조달한다. 박근혜 당선인 측의 처방은 국민연금에서 나오는 돈으로 기초노령연금을 주겠다는 발상이었다. 이 두 연금의 기능적 차이를 이해하고 있는지 의심을 품게 하는 방안이었다.

또한, 기초노령연금의 대상은 소득수준과 관계없이 65세 이상 노인 전체라는 것도 문제였다. 현재 근로자가 65세가 되면 최고 월 120만 원, 최저 월 23만 원의 연금을 받는 그 통장의 돈을 빼서 생계가 어려운 가난한 노인에게도, 그리고 부자 노인에게도 연금을 주겠다니 도무지 이해가 안 된다. 한쪽 살을 깎아 다른 쪽에 땜질을 하고, 그것마저 남겨 부자에게 주겠다는 발상은 고사성어 조삼모사(朝三暮四)보다 더한 술책으로 느껴졌다. 원숭이를 기르던 송나라의 저공(狙公)이 도토리를 아침에 셋, 저녁에 넷 주는 대신 아침에 넷, 저녁에 셋을 주어 원숭이 마음을 달래는 방법과 다를 것이 없다.

기초노령연금의 대상 확대와 두 배 증액은 세계은행(World Bank)이 제시하는 중층연금(multi-pillar pension)에 대한 이해 부족에서 비롯된 것으로밖에 볼 수 없다. 중층연금은 연금계층 간 상호보완이 가능한 제도다. 기초노령연금은 생계유지가 어려운 계층이 대상이고, 국민연금은 전 국민이 대상이다. 퇴직연금은 직장 근로자, 개인연금은 자영업자를 대상으로 한다.

이 네 계층이 유기적으로 연결되면 국민연금의 부족분을 보충할 수 있고, 국가의 재정 부담도 준다. 우리 연금도 형식적으로는 중층구조다. 연금계층 간 보완 작용을 강화하지는 못해도 국민연금을 끌어다 기초노령연금 재원으로 활용한다는 발상은 개선이나 개혁이 아니라,

개악 수준이다.

65세 이상 모든 노인이 기초노령연금의 대상일 수는 없다. 국민연금에 가입하기조차 어려운 힘든 삶을 살아온 노인의 기초 생계유지를 위한 연금이 기초노령연금이기에 이들이 최우선 순위이다. 국민연금을 받아도 기초 생계가 어려운 노인이 다음 순위이다. 그래도 국가의 재정이 남으면 노인인구의 50%, 70%, 그리고 전체 노인에게 확대할 수 있다. 기초노령연금이야말로 선택과 집중이 필요한 연금이며, 그 재원은 국가예산에서 나와야 한다.

지도자의 용기는 잘못을 인정할 줄 아는 솔직함에서 비롯된다. 기초노령연금 확대, 4대 중증질환에 대한 무상지원, 하우스 푸어 대책 등 포퓰리즘(populism) 요소가 많은 공약 실천을 위해 재정지출을 늘린다면 10년 후 그리스 못지않은 위기에 직면할 수 있다.

대한민국의 국가재정은 지금도 많이 어렵다. 공기업 부채 464조 원, 지방정부 부채 18조 원, 그리고 중앙정부 부채 774조 원을 합치면 1,256조 원으로 국내총생산(GDP)의 100%에 이른다. 국가 부채의 한계 상황이다. 다시 빚으로 재정지출을 늘린다면 위기에 불을 지르는 격이다. 비판의 목소리에 귀를 기울일 줄 알아야 현명한 지도자이다.

참고문헌

통계청(2016). 주제별통계 <http://kosis.kr/statisticsList/statisticsList_01List.jsp?vwcd=MT_ZTITLE&parmTabId=M_01_01#SubCont>

Chlon-Dominczak, A., & Mora, M.(2003). Commitment and consensus in pension reform. In R. Holzmann, M. Orenstein, & M. Rutkowski (Eds.), *Pension reform in Europe: Process and progress*, 131-156. Washington, D.C.: World Bank.

Joumard, I., Pisu, M., & Bloch, D.(2012). Tackling income inequality: The role of taxes and transfers. *OECD Journal: Economic Studies, published online first*. http://dx.doi.org/10.1787/eco_studies-2012-5k95xd6l65lt.

World Bank(1994). *Averting the Old Age Crisis: Policy to Protect the Old and Promote Growth*, New York: Oxford University Press.

제 3 장

청년세대 불평등, 빛이 보이지 않는다

01 청년 위한 청년수당, 정치 위한 청년수당

청년실업이 심각하니 정제되지 않은 각종 정책이 쏟아져 나오고 있다. 그중 하나가 청년수당인 것 같다. 청년실업의 심각함을 인식하고 내놓은 정책이기에 그 마음은 충분히 이해할 수 있다. 그러나 다양한 계층에서 서울시와 성남시의 청년수당 안에 대한 비판이 제기되고 있음에도 불구하고 강행하려는 것은 청년을 위한 청년수당이라기보다는 정치적 욕심을 위한 청년수당이 아닐까 하는 의구심마저 들게 한다.

서울시의 계획은 저소득 구직 청년 3,000명에게 매월 50만 원씩 최대 6개월까지 지원한다는 안이다. 2016년 예산안에 90억 원을 배정한 상태다. 일부 국회의원들도 청년수당 법제화를 추진하고 있다.

야당의 한 의원이 청년발전기본법, 일명 청년수당법을 대표 발의했다는 보도가 있었다. 정책에 관한 한 원칙과 논리를 바탕으로 담론을 해야 함에도 불구하고 새누리당에서는 청년수당에 대해, 정신을 파괴하는 아편이라고 극언을 하는 모습도 보이고 있다.

세상의 모든 일이 다 원칙대로 되는 것은 아니지만, 법과 제도를 만드는 국회와 이를 집행하는 정책 담당자라면 다른 원칙은 몰라도 정책이 추구하는 원칙은 지켜야 한다. 청년수당과 같은 공공부조 차원에서 제공되는 복지의 원칙 중 하나는 자격 있는 대상자에게 제공되어야 한다는 점이다.

여기에서 자격이라 함은 근로 활동을 하기에는 신체적·정신적으로 문제가 있는 상태를 의미한다. 공공부조 정책의 책임소재는 서울시와 같은 지방정부가 아니라 중앙정부여야 한다. 보편적으로 적용해야 할 공공부조를 지방정부에 맡기면 재원과 이념의 차이 때문에 보편적 복지 원칙이 지켜지지 않을 수 있기 때문이다.

서울시가 정책대상으로 삼고 있는 대한민국의 청년들은 근로 능력에는 아무런 문제가 없다. 구직의 어려움을 겪고 있지만 신체적으로, 정신적으로도 건강한 청년들이다. 이 청년들은 희망찬 미래를 꿈꾸며 현재의 난관을 스스로 극복하기에 충분한 잠재력과 역량을 가지고 있다. 이들에게 시혜 차원의 수당을 제공한다는 것은 그들의 자존심을 건드리는 일일 수도 있다. 청년수당은 태산도 짊어질 용기가 있는 청년들을 나약하게 만드는 수단이 될 수도 있지 않을까?

청년수당이라는 극단적인 정책이 나오기까지에는 대한민국 정부의 책임도 크다. 청년 고용절벽의 해소 종합대책이라면서 기획재정부 자료를 통해 내놓은 정책은 미미하기 짝이 없었다. 앞장세운 대책이라는 것이 공공부문에서는 교원 명퇴 확대, 포괄간호서비스 확대, 임금피크제 도입, 시간선택제 공무원 채용으로 5만 3,000명을 신규 채용한다는 안이었다. 민간부문의 신규 채용은 3만 명으로 계획을 세웠는데, 그것도 세대 간 상생고용 지원을 통한 일자리였다.

교원 명퇴 확대가 어떻게 청년 고용절벽 해소 방안이며, 임금피크제라는 고령사회 대책이 청년 일자리 창출 방안이 될 수 있는지 이해할 수 없었다. 진정성이 전혀 없는 기만적 방안이었을 뿐이었다.

민간부문 신규 채용 대책에 강소·중견 기업에 청년인턴 7만 5,000

명을 고용하도록 하겠다는 안도 포함되어 있었는데, 인턴제가 비정규직 양산의 창구 역할을 해왔다는 점을 고려했을까?

대한민국이 외환위기로 어려움을 겪던 1998년 당시 벨기에는 심각한 청년실업 문제에 직면해 있었다. 벨기에가 도입한 안은 청년의무고용제였다. 25명 이상의 사업장에 1년에 1명 이상 고용하도록 하는 정책이었다. 극단적인 처방이었지만 어느 정도 성공을 거두었다.

청년수당 예산이 있다면 서울시와 민간기업이 파트너십 계약을 체결한 후 청년의무고용 협약을 맺고, 일정 기간 동안 매월 50만 원씩 임금을 지원하는 방안이 더 실효성이 있을 수도 있다. 중앙정부든 지방정부든 예산은 정책 결정자가 마음대로 쓸 수 있는 돈이 아니다. 국민의 혈세로 마련된 돈이기 때문에 원칙 없이 쓸 수 없다.

청년실업 문제 해결을 위해 정부는 지방자치단체와 협업의 관점에서 접근해야 한다. 그것이 전제되어야 공공영역과 민간영역으로 하여금 일자리를 만들도록 지원하는 일을 해도 정책 효과를 최대화할 수 있다. 일자리가 없거나 줄어드는 상황에서 어떤 정책을 내놓아도 청년실업 문제 해결을 기대할 수 없다. 지방자치단체와의 협업이라는 대전제 하에서 새로운 일자리를 만드는 일에 최선을 다하는 것이 청년실업 문제 해결의 가장 좋은 방안일 것이다.

02 임금피크제는 청년실업 대책이 아니다

정부의 정책 논리가 뒤죽박죽이어서 종잡을 수가 없다. 모든 질병에 통하는 만병통치약이 없듯이 정책에도 만능 마스터키가 존재하지 않는다. 그런데도 정부는 임금피크제를 만능 마스터키인 양 다루고 있다. 정부의 청년고용 종합 대책에서 왜 임금피크제가 청년고용 절벽 해소 방안인지 이해할 수가 없다.

2016년 1월 1일자로 시행한 일명 '정년 60세 연장법'의 풍선효과로 기업의 신규 채용 의지 위축이 우려된다면, 그 후속 조치를 내놓으면 될 일을 임금피크제를 청년고용 종합 대책으로 내놓다니 정책을 이런 식으로 농단해도 되는지 모르겠다.

임금피크제는 고령사회 대비책 중 하나다(권순원 외, 2013). 우리 현실에서 대체로 50대 초·중반에 정년을 맞지만 연금 개시 연령은 65세여서, 준노령 기간 10년 정도를 고용불안과 생계불안으로 허덕여야 한다. 이 문제를 완화할 수 있는 방안으로 정년 연장이 필요하고, 임금피크제는 근로자가 기업에 제공해야 하는 반대급부다.

기업의 입장에서도 손해보는 제도는 아니다. 경험 있는 우수 인재를 저임금으로 계속 활용할 수 있다는 이점이 있다. 또한, 임금피크제를 잘만 활용하면 정년 연장으로 발생하는 기업의 비용 부담을 줄일 수도 있다. 이처럼 임금피크제는 정년 연장에 물려 있는 고령화 대책이지 청년고용 절벽 해소 방안은 아니다.

임금피크제는 2005년 이전부터 일부 기업에서 시행해 오던 제도다. 기업에 따라 근로자 정년을 2~3년 연장하고, 연장된 기간에는 임금을 동결하거나 삭감하는 방식을 활용하고 있다. 대한상공회의소 조사에 따르면, 임금피크제 도입률은 2006년에는 3.3%였으나 2015년 3월 현재 17.3% 수준이다. 그렇지만 아직 도입 논의조차 못한 기업이 절반이 넘는다.

임금피크제는 임금피크 개시 연령과 삭감비율을 어디에 두느냐에 따라 노사가 첨예하게 대립하지 않을 수 없어 단기간 내에 도입이 용이하지 않다. 현재까지 이 제도를 도입한 기업의 임금삭감 범위는 동결에서 10%까지 다양하다. 개시도 52세에서 56세 등 차이가 있다.

임금피크제를 청년고용 절벽 해소 방안과 연계하려면 노사 간 산식은 더욱 복잡해진다. 정년 연장으로 인한 기업의 부담과 임금피크제로 인한 기업의 비용절감을 비교해 제로섬(zero sum)이라는 결론이 나오면 기업은 청년고용을 늘릴 이유가 없어진다. 본전 건지는 일을 적극적으로 할 기업은 없다.

포지티브섬(positive sum), 즉 이윤이 남는다고 해도 기업은 망설이는 경우가 많다. 다각적으로 조사하고 분석해 봐야 하기 때문이다. 기업의 존재 이유는 이윤 창출이며, 임금피크제도 이윤, 즉 '남는 장사' 입장에서 접근할 수밖에 없다. 이윤 창출이라는 본능에 충실한 기업이 임금피크제 도입의 반대급부로 청년고용을 늘리도록 하려면 특단의 묘수가 필요할 뿐만 아니라 정부의 정책 설계 시간도 필요하다. 이 같은 복잡한 접근으로는 정책의 성공이 쉽지 않다.

우리의 청년실업 문제는 심각한 수준이다. 통계청이 발표한 고용동향에 따르면, 2015년 6월 청년실업률은 10.2%로 외환위기 이래 가장 높았다. 7월의 청년실업률은 9.4%로 낮아졌지만 전체 실업률 3.7%의 2.5배 수준이다. "청년들은 일하고 싶다. 임금피크제 도입하라."는 구호를 외치며 국회 앞에서 시위를 벌이는 청년단체가 나올 정도다. 절박한 마음의 표현이겠지만 임금피크제를 청년들과의 일자리 나누기 방안으로 이해하는 것은 문제다. 잘못된 인식이 세대 간 갈등을 낳고, 정부의 잘못된 접근이 이를 조장할 수도 있기 때문이다.

청년고용 절벽을 해소하기 위해서는 더 넓고 큰 수준의 정책 설계가 필요하다. 청년고용 종합 대책에서 총 20만 개 이상의 일자리를 만들고, 전 공공기관의 임금피크제 도입을 완료한 뒤 민간 영역으로 확대한다는 계획은 임금피크제 도입 방안이지 청년실업 해소 방안은 아니다. 종합 대책치고는 초라하고 논리의 비약이 심하다. 대한민국 성장 동력의 소재를 먼저 탐색해 그 동력에 기름을 부어 관심을 집중시킨 후 청년 일자리를 늘리는 전략을 세워야 한다.

창조경제의 실체가 있고, 창조경제에 성장 동력이 있다면 여기에 집중적으로 투자해 청년 일자리를 늘리는 방안이 나와야 종합 대책이라고 할 수 있다. 그래야 기업과 시민의 마음을 움직일 수 있다.

03 시간제 일자리로 빈부격차 완화될까

정책은 사회문제 해결을 위한 단순한 기술이 아니다. 기술보다는 한 차원 높은 종합예술이다. 종합예술의 성격을 가진 정책을 기술로 접근하면 실패할 가능성이 높을 수밖에 없다. 복잡하고 다면적인 정책이 단순한 흑백논리로 재단될 가능성이 있기 때문이다. 따라서 정책을 수립할 때에는, 예상되는 긍정적 정책효과뿐만 아니라 부정적 정책효과를 다양한 시각에서 분석하는 종합예술적 접근법이 필수적이다.

최근 정부에서는 고용률 70% 달성을 위한 목적으로 시간선택제 일자리 방안을 내놓았다. 가사에 얽매여 정규직 근무가 어려운 여성들로부터는 환영받을 수 있는 정책이어서 나름대로 의미는 있다. 그러나 시간선택제로 질 높은 일자리를 만들어낼 수 있을지는 의문이다. 자칫 '질 낮은 비정규직'을 양산할 수도 있다는 의구심을 떨칠 수가 없다. 빈곤율이 높아지고, 빈부격차가 심화되는 현실에서 필요한 처방은 정규직 일자리인데 고용률을 높이는 데에만 정신이 팔려 시간선택제 일자리가 선택되었다는 점이 아쉬울 뿐이다.

정책당국은 시간선택제 일자리 방안을 내놓기 전에 우리 사회에 필요한 일자리가 무엇인지 더 고민했어야 했다. 일자리는 생계수단 이상의 의미가 있다. 어려운 삶을 극복하고 자립 기반을 만드는 기회의 사다리여야 하고, 빈곤 탈출 수단이자 빈부격차를 완화하는 수단이어야 한다. 나아가 평생직장의 초석으로서 경력을 쌓는 역할도 해야 한다. 지금 우리는 유례없이 빈곤율이 높고, 빈부격차 또한 크기 때문에 질 좋은 일자리가 필요한 시점이다.

통계청과 경제협력개발기구(OECD)에 의하면, 우리나라의 빈곤율은 16.5%로 34개 OECD 국가 중 6위이다. 65세 이상 노인 빈곤율은 49.6%로 세계 1위이다. 여성 빈곤율은 18.4%로 남성 빈곤율 14.6%에 비해 훨씬 높다. 지속적으로 지적되어 오는 문제이기도 하지만 빈부격차는 더욱 심각하다. 상위 1%가 대한민국 국민 전체소득의 16.6%를 가졌고, 상위 20%가 전체소득의 47.6%를 차지하고 있다.

지난 십수 년 간 이 같은 문제는 완화되지 않고 더욱 심화되고 있다. 시간선택제 일자리가 고용률을 높이는 대신에 비정규직 확대에 기여한다면, 빈곤율이나 빈부격차를 완화시키기보다는 오히려 강화시킬 수 있는 제도가 될 수도 있다는 것이 문제이다. 정책 당국에 이 같은 문제의 발생 가능성을 인지하고 있는지 묻지 않을 수 없다. 만약 인지하고 있다면 그 대책이 무엇인지에 대해서도 묻고 싶다.

시간선택제 일자리가 창출되면 선호할 사람은 하위소득계층이거나 여성일 가능성이 높다. 또한, 시간선택제 일자리를 구한 사람들의 임금은 최저임금 수준일 가능성이 높다. 정부는 시간제 일자리에 한해서 월 60만 원 한도로 임금의 50% 지원을 약속하고 있다는 사실에서 유추할 수 있다. 50%는 정부에서 지원받고, 50%는 기업에서 부담하는 방식이 기업의 입장에서 선택할 수 있는 최적점이기 때문이다. 정부는 대기업의 참여를 권장하지만 임금의 50%를 지원받기 위해 시간제 일자리를 만드는 데 열을 올릴 기업은 중소기업일 가능성이 높다.

그래서 시간선택제 일자리 창출은 비정규직 양산으로 이어질 가능성이 높다. 유사한 선례가 있다. 청년실업 해소를 위한 정책수단이 인턴제였다. 인턴제를 시행하자 기업은 정규직으로 채용해야 할 인원을 인턴으로 채용함으로써 기업이윤을 추구해 왔고, 청년들은 일자리를 구하긴 했지만 비정규직이라는 불완전 고용에 고통받고 있다. 지금 정책당국은 인턴제 문제의 해법 찾기에 골머리를 앓고 있다.

시간제 근로자의 사용자는 계속 1년 이상 근무한 근로자에게 평균임금 30일분 이상을 퇴직금으로 지급해야 하지만 퇴직금 절약을 위해 1년을 채우지 않도록 유도할 경우 고용불안은 가속화되고, 시간제 일자리는 비정규직을 양산하는 또 하나의 애물단지가 될 수 있다. 질 높은 시간제 일자리도 있을 수 있지만 대부분 비정규직이라는 딱지가 붙을 수밖에 없다. 대한민국 국민이라는 공동체 일원으로서 다 같이 행복하게 살아갈 수 있게 하는 정책으로는 흠결이 많아 보인다.

04 시장과 정책 대립, 청소년이 희생된다

정부와 시장은 성격이 다르다. 같은 방향으로 움직이지 않고, 대체로 마주 보고 달린다. 시장은 돈을 따라 움직인다면 정부는 맞은편에서 시장의 게임이 정당한지를 살핀다. 정부가 시장의 게임을 느슨하게 관리하면 시장은 자유로워지고, 치밀하게 관리하면 시장의 움직임은 둔화될 수밖에 없다. 정부가 손을 놓고 시장의 관리를 '보이지 않는 손'에 맡기면 시장은 활기를 띠겠지만 시민사회는 몸살을 앓을 수도 있다. 이것이 규제가 필요한 이유다.

정부와 시장이 항상 마주 보고 달리는 것은 아니다. 정부가 시장 배우기에 열을 올리기도 한다. 정부는 예산을 무더기로 가져다 써도 성과가 없는데, 시장은 적은 돈으로 큰 성과를 내는 탁월한 능력을 보여주었다. 정부는 무능하고 시장은 유능하게 보였다. 이에 정부도 시장처럼 성과를 내고, 시민을 정책고객으로 바라보고 서비스를 제공하는 행정이론이 싹텄다.

이것이 바로 1980년대부터 풍미한 신공공관리론(NPM, New Public Management)이다. 신베버주의(neo-Weberianism)와 같은 반성론(Lynn, 2008)이 있지만 현재까지도 신공공관리론은 '정부의 무능'을 개선할 수 있는 이론으로 인식되고 있다.

시장의 정부 배우기 사례도 있다. 공익 추구는 정부의 고유 기능이 아니라 시장도 할 수 있다는 생각을 가진 기업이 이윤의 일부를 시민사회를 위해 사용하기도 한다. 건설회사는 나무를 심고, 공해물질 유발 기업은 호흡기질환 무상치료 지원재단을 설립하는 것 같은 방식이다. 결과는 예상을 뛰어넘었다. 그런 기업은 이미지가 좋아지고, 매상도 높아졌다. 기업가가 존경받는 결과까지 나타났다. 이것은 기업의 사회적 책임으로 경영이론의 한 귀퉁이를 장식하고 있다. 그러나 우리의 시장 성숙도는 여기까지는 아닌 것 같아 아쉽다.

최근 게임산업과 온라인 게임 셧다운제에 대한 보도가 줄을 잇고 있다. 우리의 게임산업 부진이 심야 시간에 청소년들의 온라인 게임 이용을 차단하는 '게임 셧다운제'의 탓으로 돌리는 듯한 보도가 많다. 경제가 어려우니 더욱 그럴 수 있다. 셧다운제는, 심야 시간에 청소년들의 게임이용을 차단하는 제도로 2011년 11월부터 시행되었다. 이 제도는 시행 후 만 16세 미만 청소년에게 자정부터 오전 6시까지 온라인 게임 서비스 제공을 금지하고 있다. 위반 시에는 2년 이하의 징역이나 1,000만 원 이하의 벌금형에 처하도록 되어 있다.

셧다운제는 시행 후 게임산업을 셧다운시킬 수 있는 제도라는 비판을 받아왔다. 게임업계는 셧다운제가 행복추구권, 교육권, 평등권 등을 침해하고, 게임업계의 표현의 자유도 침해한다고 주장하며 헌법소원을 제기한 적도 있었다. 그러나 헌법재판소는 셧다운제 합헌 결정을 내린 바 있다. 그때가 2014년 4월이었다. 그럼에도 불구하고 게임업계는 완화보다는 폐지를 주장한다. 그 근거로 태국, 베트남, 중국 등에서 유사한 제도를 도입했다가 성인의 신분증으로 게임을 하는 등 실효성에 문제가 있어 폐지되었다는 사례를 제시하고 있다.

셧다운제 옹호 주장도 만만치 않다. 게임중독으로 학업을 포기한 자녀를 둔 부모의 이야기를 외면할 수 없다는 이유다. 성인이지만 게임중독으로 자녀 양육을 포기하다시피 한 부모의 방치로 목숨을 잃을 뻔한 인천 연수동 11세 소녀의 이야기도 귀 기울여야 할 사건이다. "인터넷이나 게임중독 청소년들은 우울증에 시달리거나 자살을 시도하는 경우가 많다."는 미국 소아과학회의 연구도 나왔다. 온라인 게임이 과하지 않으면 학습에 도움이 되고, 창의력도 기를 수 있지만 '아이들이' 야심한 시간에 게임에 몰두하는 것은 분명히 문제다.

정부는 시장만 생각하고 정책을 관리할 수 없다. 게임산업도 중요하지만 청소년의 미래는 더 소중하다. 정부의 시장에 대한 간섭이 과하여 시장이 위축될 가능성이 있으면 기업은 두 가지를 병행해야 한다. 규제 완화를 정부에 요구하는 것만으로는 부족하다. 기업이 해야 할 책임을 다해야 한다.

비록 일부라고 하더라도 기업이 만든 상품으로 해를 입는 소비자가 있다면 기업은 이 문제 해결을 위해 노력하는 모습을 보여야 한다. 그래야 시장을 관리하는 정부가 안심하고 규제를 완화할 수 있다.

청소년의 정신적·육체적 건강은 안중에도 없고 이윤에만 매달려 야심한 시간에도 게임을 하도록 부추긴다면 기업은 신뢰를 잃는다. 게임업계 스스로 야심한 시간까지 게임에 몰두하는 청소년을 위해 무엇을 할지 답을 찾는다면 셧다운제에 대한 답도 나오지 않을까? 기업의 사회적 책임이라는 언어로 말이다.

참고문헌

권순원 · 설원식 · 위경우 · 이재현(2013). 정년연장형 임금피크제도의 최적화 방안 연구. 『경영교육연구』, 28(6): 443-477.

Lynn, L.(2008). What Is a Neo-Weberian State? Reflections on a Concept and its Implications. *The NISPAcee Journal of Public Administration and Policy*, 1(2): 17-30.

제 4 장

정치 현장도 불평등 문화가 지배한다

01 대한민국에는 '근대적 정당'이 없다

막스 베버(M. Weber)는 19세기와 20세기에 걸쳐 활동한 독일의 사상가다. 그는 사회학에 국한하지 않고 학문의 경계를 넘나들며 정치학, 경제학, 역사학, 종교학 등 다양한 분야에 괄목할 만한 업적을 남겼다. 전근대적인 사상과 학문을 근대적 통찰로 재구성하는 데 기여한 학자다.

어수선한 정국이 이어지는 현시점에서 그의 저서 『직업으로서의 정치』가 마음에 와 닿는다(Gerth & Mills, 1946). 이 책은 1919년 뮌헨대학에서 강의한 자료가 토대이다. 정치인의 행보뿐 아니라 일반 시민들의 정치 참여에 교훈으로 삼을 내용이 많다.

독일, 영국, 스페인, 미국 등 구미 각국의 정당 조직에 대한 분석 결과를 바탕으로 베버는 두 가지의 정당 유형을 제시한다. 명망가 정당과 근대적 정당이다. 명망가 정당은 의회정치의 초기 단계 정당으로서 한두 사람의 명망가를 중심으로 형성된 정치 결사체다. 이러한 정당은 명망가의 이해관계에 따라 이합집산이 수시로 일어난다. 당원의 당비 납부 제도도 정착되어 있지 않고 전당대회와 같은 정기 집회 규정도 뚜렷하지 않다. 명망가가 사라지면 정당도 소멸한다.

베버의 근대적 정당은 민주주의와 대중의 선거권 획득을 토대로 형성된 정당이다. 당비 납부 제도가 확립되고, 정기집회에 대한 규정도 엄격하다. 당 조직과 정강정책이 확립되어 당의 이념 정체성도 뚜렷하다. 당 운영의 실권은 당 대표나 원내대표와 같은 정당 간부에게 귀속된다. 사람이 권력을 만들지 않고, 제도가 권력을 만든다. 베버에 따르면, 이 근대적 정당은 1840년을 전후로 미국과 유럽에서 형성되었다. 역산하면, 지금부터 175년 전이다.

베버의 관점에서 보면, 대한민국의 정당사는 명망가 정당의 연속이다. 논의를 위해 대한민국의 민주주의 역사를 제6공화국부터라고 가정한다. 1987년 10월 대통령직선제를 도입한 제9차 개정 헌법에 따라 성립된 공화국이 제6공화국이기 때문이다. 그해 대통령 선거에서 노태우는 민정당, 김영삼은 민주당, 김대중은 평민당, 김종필은 공화당 후보였다. 1990년에는 민정당, 민주당, 공화당의 합당으로 민자당이 탄생한다. 김영삼은 집권 후인 1995년 민자당을 신한국당으로 바꾸고, 김종필은 김영삼과 결별한 후 자민련을 창당한다.

김대중이 이끌던 평민당은 3당 합당의 여진으로 신민당으로 당명을 바꾸었다가 다시 김영삼이 이끌던 민주당의 잔류파와 합쳐 민주당이라는 이름을 갖는다. 한때 명망가 부재로 흔들리던 민주당은 영국에 건너간 김대중의 귀환으로, 1995년 국민회의라는 이름으로 재창당한다. DJP 연합으로 김종필의 자민련과 통합한 김대중은 집권 후 자민련과 결별하고 새천년민주당을 창당한다.

대한민국의 이합집산 정당사를 보면 정말이지 머리가 어지러울 정도이다. 한때 이회창의 한나라당, 노무현의 열린우리당이 있었다. 김대중 세력과 노무현 세력이 다시 뭉쳐 만든 민주통합당과 안철수가 만든 새정치민주연합도 있었다. 2016년 현재 새누리당, 더불어민주당,

그리고 안철수의 국민의당 등이 있다.

새정치민주연합의 창당 주역 중 한 사람인 안철수가 탈당을 해 국민의당을 만들었다. 탈당 당시 각 언론은 과연 몇 명이 안철수를 따라 탈당할까, 탈당 규모는 원내교섭단체 구성 수준이 될까에 관심을 보였다. 명망가의 노력으로 원내교섭단체 구성에 성공을 했다. 특정인을 비판할 마음은 없다. 다만, 명망가를 따라 보따리를 싸는 '전근대적' 정치 행태는 바람직하지 않다고 말하고 싶다. 정당이 명망가 중심으로 운영되는 한 정치인 사이의 관계는 평등관계를 기대할 수 없다는 게 아쉬울 따름이다.

정당은 권력 쟁취가 목적이지만 지향점은 공동선이다. 공동선을 위한 정치를 하고자 한다면 베버를 읽으라고 권하고 싶다. 그는 정치의 본질을 '공유'라고 했다. 뺏는 것이 아니라 나누어 갖기 위한 무한한 노력이 정치의 본질이다. 우리의 정치 현장에는 명망가 중심으로 뭉쳐서 빼앗는 정치가 일상화되어 있어 공동선의 정치라고 할 수 없다.

정치를 리더십과 동의어라고 정리한 사람도 베버다. 단순히 통솔하는 리더십이 아니라 모든 유형의 리더십이 용해되어 있는 개념이 정치다. 특정 분야에서 두각을 나타낸 사람들과 절묘한 조합을 이끌 수 있는 리더십이 진정한 의미의 리더십이자 정치인데, 우리의 유력 정치인은 내치는 데만 익숙해 있다. 이 땅에 근대적 정당의 탄생을 소망해 본다.

명망가 정당이 지배하는 나라에서는 정치적 평등을 기대하기가 어렵다. 명망가를 중심으로 지배와 종속관계에 놓일 수밖에 없기 때문이다. 아무리 능력이 있어도 명망가와 멀어지면 미래가 없다. 입법기관이라고 말은 하면서도 사실은 '주군'과 긴밀한 관계를 가지지 않으면 정치생명이 길지 않다는 것을 스스로가 더 잘 안다. 대한민국에는 근대적 정당이 없는 것과 마찬가지로 정치 현장에서의 평등도 존재하지 않는다.

02 말은 민주정치, 행동은 중우정치

2015년 10월 여야 모두 2016년 총선의 공천 규칙을 놓고 난투극을 벌이는 모습을 보고 또다시 정치의 계절이 돌아왔다는 것을 실감했다. 새누리당 김무성 대표는 완전국민경선제를 들고나와 야당의 동참을 압박하는가 싶더니 어느새 새정치민주연합의 문재인 대표와 만나 '안심번호 국민공천제 합의'를 발표하는 촌극을 벌였다.

안심번호 공천제가 청와대의 반발로 무산되자 여야 모두 공천심사기구 구성과 전략공천 문제로 시끄러웠다. 여당은 친박과 비박, 야당은 친노와 비노로 나누어 공천 주도권 잡기 갈등이 심화되고 있다. 때로는 물밑, 때로는 수면으로 갈등의 예각이 드러나기도 하지만 접점이 잘 보이지도 않았다.

기회 있을 때마다 '국민'을 앞세우던 정치인들은 공천이란 밥그릇 앞에서는 좀처럼 이 낱말을 꺼내지 않는다. 기득권을 지켜야 하기 때문인지 오로지 2016년 총선에서의 생존을 위한 게임에만 몰두하는 모습을 보였다.

양당 모두 당헌 당규가 있으나 모두 자의적으로 해석하여 정치 게임의 관전자들이 지켜보면, 심판 없는 운동경기를 보는 듯 난잡하기 짝이 없었다. 민주주의 국가의 주인은 국민이고, 모든 권력은 국민에게서 나오는 데도 불구하고 공천 게임 참가 선수들의 안중에 국민은 없는 듯했다. 우리 사회가 시급히 해결해야 할 문제가 산적해 있는데도 그런 정책 문제를 다룰 인재 영입에는 관심을 보이지 않았다.

2016년 총선 후 구성된 제20대 국회가 해결해야 할 정책 과제는 막중하다. 여소야대로 결판이 난 선거 결과 앞에서 대통령은 '협치'를 외치고서도 행동은 외길이다. 청년실업률은 10%를 넘겨 청년의무고용제와 같은 극단적인 정책 수단이 요구된다. 65세 이상 노인의 절반이 빈곤층이며, 노인 빈곤율은 경제협력개발기구(OECD) 회원국 중 가장 높아 연금 개혁에도 속도를 내야 한다.

장기침체와 디플레이션 가능성을 걱정하는 상황에서 한국만 빠진 환태평양경제동반자협정(TPP) 출범에 따른 대응책도 시급하다. 그런데도 자기 이익을 챙기기 위한 권모술수만 난무하는 정치 현장은 참으로 안타깝다. 국가의 미래보다는 그들만의 잔치를 벌이려는 정치 현장을 보면 대한민국에 중우정치의 유령이 떠다닌다는 느낌을 받는다.

고대 그리스의 철학자 플라톤(Platon)은, 민주주의의 산실이었던 아테네의 몰락 원인을 중우정치 때문이라고 진단했다. 그는, 민주주의의 탈을 쓰고 다수의 어리석은 군중이 이끄는 정치가 중우정치이며 아크로폴리스 광장에 중우정치꾼들이 들끓자 아테네의 민주주의는 몰락의 길을 걸었다고 주장한다.

민주주의의 어두운 그림자, 중우정치는 다양한 모습으로 나타난다. 인기영합주의가 판을 치는 정치 행태, 정치만 있고 정책은 없는 정치 현장, 전문가는 드물고 정치꾼이 난무하는 정치집단, 정책관 없는 인기인만이 선택받는 정치시장 등 모두 우리의 정치 현장에서도 예외 없이 나타나고 있다.

민주주의의 탈을 쓴 중우정치가 세를 얻으면 건전한 상식을 가진 유권자가 공직 후보자를 선택할 수 있는 폭이 좁아진다. 덕목을 갖춘 인재는 공직 후보자 출마 기회를 얻지 못하고, 인기인이 출마해 유권자를 현혹시키기 때문이다. 이들은 기회를 줘도 공직 후보로 나서려고 하지 않는다. 자연히 자격미달 후보가 앞장서서 공직에 출마하는 현상이 나타난다. 건전한 상식을 가진 시민들은 정치에 등을 돌린다.

마지못해 투표소에 가더라도 최고 중의 최고를 찍을 수 없어 조금이라도 덜 모자라는 사람을 찍는 기현상이 벌어진다. 이를 두고 나쁜 사람 중에서 덜 나쁜 사람에게 표를 던지는 현상, 'the lesser of two evils' 원칙이라고 한다.

선거는 민주주의 축제의 장이고, 후보자는 축제의 장을 장식하는 꽃이다. 적어도 공익관, 전문성, 그리고 리더십을 갖춘 인물이어야 축제의 꽃으로서 의미가 있다. 제20대 총선 전 한 여론조사기관에서 지난 제19대 국회에 대해 국민 10명 중 8명은 잘못했다고 평가했고, 절반이 2016년 총선에서 지역구 현역 의원의 교체를 바란다는 조사 결과를 발표했다.

흠결 없는 이상적인 민주주의를 기대하기란 어렵지만, 적어도 공천이라는 정치 수단으로 중우정치가 판을 치는 현상은 막아야 한다. 누구 편은 되고, 누구 편은 안 된다는 접근은 중우정치를 낳는 통로만 제공할 뿐이다. 당 내에 인물이 없으면 당 외에서 찾을 수도 있다. 여야 모두 민주주의의 꽃이 될 인물을 선보일 공천을 기대했지만 그렇지 않았다.

그들만의 리그에서 뛴 경기에 얼마나 실망을 했으면 여당은 제2당,

야당은 제1당이지만 1석 앞선 제1당, 그리고 안철수 국민의당의 약진이었다. 국회의장은 야당 몫으로 돌아갔고, 대통령은 정치적 평등의 다른 말인 협치를 강조했지만 구두선에 불과했다. 대한민국의 정치 현장에는 여전히 중우정치가 난무한다. 민주주의의 위기가 중우정치에서 비롯되는 데도 말이다(Kolakowski, 1990).

중우정치가 난무하는 정치 현장에는 정치인과 유권자의 관계가 평등할 수 없다. 유권자를 가볍게 보고 무시한 결과로 나타난 현상이 중우정치이기 때문이다. 따라서 정치인이 지방의회 의원이나 단체장으로 당선되는 순간, 그리고 중앙 정치무대에서 국회의원이든 대통령이든 당선되는 그 순간 군림하는 현상이 나타난다. 그들에게 국민은 여전히 피지배자일 뿐이다.

03 정치시장에서 진품 찾기가 어려울까

정치시장의 객주(客主)에서 장날에 내다 팔 물건 고르기를 살펴보기로 한다. 창고에 쌓아 둔 물건 중 좋은 것은 내다 팔고 상한 것은 버려야 하는데 선별 방법이 쉬운 것은 아니다. 정치고객인 국민의 편에서는 썩은 물건에서 나는 악취가 진동하는데, 정치객주와 마름들은 악취에 익숙해 느끼지 못하는 경우가 많기 때문이다. 알고도 모른 척하는지 모르지만 악취가 나는 곳을 살피면 일이 쉽게 풀릴 수 있다.

그런데 대한민국 정치시장의 객주와 마름들의 물건 선별 방법은 마땅치 않다. 한마디로 감성적이고 비합리적이다. 썩은 정도와 악취의 정도만 보아도 알 수 있는 일을 영남 물갈이, 호남 물갈이, 현직 탈락률 몇 퍼센트와 같은 매우 감성적인 기준들이다. 겉으로는 이렇지만 속내를 보면 계파 나누어 먹기가 판을 친다.

정치고객이 믿을 만한 물건을 내놓기 위해서는 적어도 객관적인 사실을 기준으로 상하고 썩은 물건을 골라내야 한다. 그래야 대한민국 정치도 한 단계 발전할 수 있다. 정치시장의 진품 판별을 위해 두 가지 기준은 준수해야 한다.

첫째, 정치꾼 골라내기이다. 정치창고의 악취는 정치꾼에게서 나온다. 정치를 업으로 하는 사람 중에는 정치꾼, 정치인, 그리고 정치지도자와 같은 세 가지 유형이 있는데, 정치꾼은 당선을 위해서는 수단과 방법을 가리지 않는다. 당선되면 지역주민과 국민을 위한 정치보다는 개인의 이익 채우기에 바쁜 부류이다. 또한, 이들은 권모술수를 프로로 착각하며 질적 수준이 매우 낮다. 본인은 예외라고 하겠지만 현직 정치인 중에는 정치꾼이 많아 보이는 게 사실이다.

둘째, 멍든 물건 골라내기이다. 멍든 과일을 창고에 두면 쉽게 썩는다. 정치인들 가운데 멍든 과일이란 범법자, 국민의 기본의무를 준수하지 않은 자들이다. 국민이면 적어도 지켜야 할 국방 및 납세 의무를 게을리한 사람이 피선거권을 향유할 권리가 있을까? 공직 임명에서도 이 잣대가 중요하지만 국회의원에게는 더욱 엄격히 적용해야 한다. 현 정권을 비판한 사안 중 하나가 '안보라인'에 군대 가 본 사람이 없는 인사였다는 점을 상기해 보면 이 기준이 얼마나 중요한지 알 수 있다.

두 가지 기준으로 안 될 물건을 골라내면 정치시장에서 진품을 찾는 작업도 그렇게 어렵지 않다. 독일의 사회학자 막스 베버(M. Weber)는 약 100년 전, '직업으로서의 정치'를 주창하면서 정치의 본질을 협상의 기술로 정의했다. 협상은 혼자서 외롭게 내리는 결단이 아니라, 다수의 중지를 모아 결정을 내리는 집단 의사결정이다. 정치인은 협상의 달인이어야 하며, 사익 추구에 이 기술을 활용하지 말아야 함은 물론이고, 공익 창출에 활용하는 능력을 갖춘 전문인이다.

전문인은 프로 정신을 갖춘 사람들이다. 프로 정신이란 공정하게 경쟁하고 경쟁에서 지면 깨끗이 승복하는 페어플레이 정신을 말한다. 또한 정치의 관객인 국민을 즐겁게 해줄 수 있어야 한다. 그런데 국회하면 제일 먼저 떠오르는 단어가 날치기, 농성, 의장석 점거에 더해 이단옆차기도 등장했고 이제는 최루탄도 등장했다. 프로가 뛰는 운동경기에서는 규칙을 어기면 퇴장인데 이런 기막힌 행동으로 레드카드를 받은 정치인이 없는 무대가 프로 정치무대일까? 이번에 이들이 다시 설치는지 두고 볼 일이다.

정치인 선별에 기준으로 삼을 만한 또 다른 학자가 있다면 헤럴드 라스웰(H. Lasswell)이다. 그는 "누가, 무엇을, 언제, 그리고 어떻게 얻도록 하는" 과정을 정치라고 했다(Lasswell, 1936). 정치 현장에 대입하면 국민이 진정 무엇을 원하는지 알아야 하고, 적절한 시기에 다수가 동의하는 방법으로 국민이 원하는 것을 제공할 줄 아는 것이 정치란 뜻이다. 정치인이면 갖추어야 할 기본기이다.

격이 높은 정치 지도자는 그저 나오지 않는다. 라스웰 방식의 기본기를 갖춘 정치인들이 경쟁하는 가운데에서 나오는 법이다. 그래야 나라도 잘되고 국민도 행복하다. 그런데 우리 정치 현장에는 무엇을, 언제, 어떻게 얻어야만 "내가 행복할 수 있을까?"를 고민하는 사람으로 득실거린다. 2017년에 있을 대선에서는 베버의 협상기술과 라스웰의 정치 지향점을 제대로 아는 사람이 정치시장의 물건으로 뛰는 모습을 보고 싶다.

정치꾼이 아니라 전문성을 가진 정치인이 정치 현장에서 활동을 하면 정치적 불평등은 어느 정도 해소될 수 있다. 계파 보스를 따르는 지배와 종속 관계가 사라질 가능성이 높기 때문이다. 한 단계 더 나아가, 나쁜 사람 중에서 덜 나쁜 사람 뽑기, 즉 'the lesser of two evils' 현상이 사라질 가능성도 높아진다. 정치 현장에서의 '나쁜 사람들'은 정치꾼들로부터 나오기 때문이다.

04 새로운 계급의 고전적 계급투쟁

오래된 책이기는 하지만 최근까지 미국 대학에서 교재로 쓰인 책이 밀로반 질라스(M. Djilas)가 쓴 『새로운 계급(*New Class*)』이다. 이 책은 고전의 반열에 올려놓아도 손색이 없는 책이라고 평하고 싶다. 질라스는 티토(J. B. Tito) 대통령과 함께 유고슬라비아의 공산 체제를 건설하는 데 앞장섰고, 한때 부통령을 지냈다. 그때가 1953년이었다.

그런데 소련식 공산주의 체제에 염증을 느낀 그는 1954년 1월 공산주의를 탈당하고 하루아침에 반체제 인사로 변신했다. 『새로운 계급』은 1957년 출간되었다. 질라스는 사회주의 이데올로기를 무기로 권좌에 오른 사람을 새로운 계급이라고 했다. 역사상 모든 계급은 경제적 부를 바탕으로 권좌에 오른 반면 공산주의 국가에서는 권좌에 오른 수단이 이데올로기였기 때문에 '새로운'이라는 용어를 썼다.

1960년대 미국 학계에서는 새로운 계급 연구에 몰두한 적이 있었다. 대표적 학자 중 한 사람이 버거(P. Berger)로 기억된다. 이들은 대학이나 연구소와 같은 지식산업 종사자 및 노조활동을 하는 사람들을 묶어서 새로운 계급으로, 경제적 부를 바탕으로 형성된 계급을 옛날 계급으로 지칭했다. 새로운 계급과 옛날 계급의 끊임없는 투쟁을 하나의 사회현상이라고 설명했다. 우리 사회에서도 일면 이러한 현상이 나타나고 있다는 점은 부인할 수 없다.

우리 사회의 진보 계열 정당은 새로운 계급의 한 유형이다. 과거의 민주노동당, 오늘의 통합진보당이 이 계열에 속한다. 그러나 둘의 행태는 참 다르다. 과거 민주노동당 시절에는 국민적 관심을 끌기에 충분했다. 공약이 서민의 뜻을 반영하는 부분이 많았고, 언행에서는 이념을 건전하게 실천하려는 의지가 보였다. 또한, 계급투쟁의 전사라기보다는 민주적 가치를 존중하는 인사로 보기에 크게 모자람이 없었다.

그러나 통합진보당에서는 계급투쟁의 전사 모습만 보이지 민주적 가치를 존중하는 모습은 볼 수 없다. 부정이 있으면 수용하고 책임을 지는 태도를 보여도 국민적 비판을 면하기 어려운데, 일단 권력의 끈을 잡으면 절대 놓지 않겠다는 케케묵은 계급투쟁의 전사 모습만 보일 뿐이다. 안타깝기보다는 새로운 계급으로서의 자격미달이었다.

지금은 사라진 정당이지만 통합진보당의 비례대표 부정 경선에 대한 당내 진상조사위원회의 조사 결과는 가히 충격적이었다. 마치 4·19 혁명의 도화선이 된 3·15 부정선거를 당내에 옮겨 놓은 것 같았다. 현장 투표에서 선거인 명부보다 실제 투표수가 많은 투표소가 7곳으로, 총 611표가 더 많았다. 동일인 필체가 이어지는 등 대리 투표로 추정되는 정황도 포착되었다. 온라인 투표에는 동일한 IP(인터넷 프로토콜) 주소에서 집단적으로 투표가 이뤄졌다. 당원이 아닌 사람이 투표한 부정행위도 확인되었다.

이런 역사도 반복되는가 싶어 4·19 혁명의 도화선이 된 1960년 3·15 부정선거 행태를 조사해 보았다. 당시 자유당의 정·부통령 후보는 이승만과 이기붕, 민주당은 조병옥과 장면이었다. 기록에 있는 부정선거는 이랬다. 40% 사전투표, 3인조 또는 5인조에 의한 반공개

투표, 유령 유권자의 조작, 기권 강요 및 기권자의 대리 투표, 투표함 바꿔치기, 득표수 조작 발표 등 통합진보당의 비례대표 부정 경선 내용과 크게 다르지 않았다. 3·15 부정선거를 목도한 젊은 학생들과 시민은 용감하게 독재와 부정선거 타도에 나서 이 땅에 민주주의 씨앗을 뿌렸다. 그 민주화의 씨앗이 싹을 틔우고 자라 진보를 수용할 수 있을 정도로 우리 사회가 성숙했다. 그러나 통합진보당은 부정을 확인하고서도 책임지는 모습은 보이지 않았다. 일부이기는 하지만 대학생인 듯한 젊은 진보가 불의의 앞잡이 노릇을 하는 현실은 더욱 참담했다.

통합진보당 비상대책위원회의 접근방식도 이해할 수 없었다. 총체적 부정을 확인하고도 부정 경선으로 비례대표가 된 사람들에게만 화살을 돌릴 수는 없다. 부정선거를 주도한 인물은 밝히지도 않고 이석기, 김재연 등 비례대표 당선자 문제만 처리하면 그것으로 부정 경선에 대한 답이 될 수 있을까?

당내 부정선거에 관여한 모두가 민주적 가치를 짓밟은 당사자들인데 누가 누구를 단죄할 수준은 넘었다. 경선부정이 그 정도라면 땜질로 해법을 찾을 수 없다. 허물어 땅을 고른 후에 다시 세우는 것이 옳다. 수단과 방법을 가리지 않는 계급투쟁의 전사 모습을 버리고 국민의 심판을 다시 받아야 했다. 그리고 그 정도의 정당이었으니 법의 심판을 받았고, 해체되는 초유의 사태가 벌어졌다.

질라스의 새로운 계급은 통합진보당과 같은 정당을 지칭하지는 않았다. 낡은 계급, 즉 'old class'는 경제적 부를 가진 집단이라면, 새로운 계급은 이념과 지식을 가진 집단을 지칭했다. 지식공장에서 지식을 만드는 사람들, 그들이 질라스의 새로운 계급이다. 이들이 낡은 계급을 견제하고 건전한 시민사회를 만들어나가며, 서민의 편에서 우리 사회를 만들어나가고자 할 때 정치적 불평등이 해소될 수 있다.

05 누가 민주주의 질서를 해치고 있나

대한민국은 민주주의 국가다. 대통령을 비롯한 정치 지도자를 국민이 직접 선출하고 평화적으로 정권이 교체되는 이 쾌거를 정부수립 반세기 만에 달성했다. 경제성장도 기적이었지만 민주주의의 기본 틀을 만들어 운영하고 있는 것도 세계사에서 유례를 찾기 힘든 기적 중 하나다. 그런 기적은 쉽게 얻어지지 않았다. 경제성장 과정에서처럼 민주화의 과정에서도 4·19와 5·18 등 희생이 있었다.

우리는 이 민주주의의 싹을 틔우고 꽃을 피워 후손에게 물려줘야 할 무거운 책임이 있다. 그런데 민주주의 질서를 흔드는 사례가 있어 걱정스럽다. 역대 대통령들의 인사 행태가 그중 하나다. 100년 전의 미국식 엽관주의가 지금 한국에서 되살아난 느낌이 들 정도다. 평화적으로 정권이 교체되기 시작한 노태우 전 대통령부터 현재 박근혜 대통령까지 인사 행태를 보면 엽관주의의 문제가 갈수록 더 심해지고 있다.

미국은 1850년을 전후해 엽관주의 폐해로 몸살을 앓았다. 대통령이 바뀌면 대통령의 사람들이 대부분의 공직을 차지했다. 급기야 대통령이 암살되는 사건이 터졌다. 외교관 자리를 기대했지만 얻지 못한 찰스 귀토(C. Guiteau)는 제임스 가필드(J. A. Garfield) 대통령을 저격했다. 그때가 1881년이었고, 2년 뒤에는 펜들턴법을 제정해 실적제 중심의 인사 제도가 도입되었다. 중앙인사위원회가 출범했고, 전문가 중심의 인사 제도가 정착되어 오늘에 이르고 있다.

우리도 중앙인사위원회가 있었다. 그러나 이명박 전 대통령 때부터 당시 행정안전부(현재의 행정자치부)와 통합되어 자취를 감췄다. 박근혜 정부도 인사행정에 관한 한 이명박 정부를 답습하고 있다. 박근혜 정부 초기에는 청와대에서 인사위원회를 운영한다고는 하지만 어떻게 작동되는지 아는 사람은 많지 않았다. 2014년에는 인사혁신처를 신설하여 운영하고 있다.

김대중 정부와 노무현 정부에서는 중앙인사위원회가 있어서 엽관제보다는 실적제를 중시하는 인사행정을 한다는 척이라도 했지만, 이제는 차관급 중앙부처 중 하나가 되어 인사의 독립을 기대하기는 어려운 실정이다.

대통령에 당선되면 장·차관급 인사뿐 아니라 600개가 넘는 준정부기관 및 공기업의 장과 감사 임명까지 영향력을 행사한다. 공모제란 이름으로 몇 단계 과정을 거치지만, 대부분 내정이고 공모는 형식적 절차라는 것을 아는 사람은 다 안다. 대통령과 뜻을 같이하는 사람도 중요하지만 인사의 독립성을 바로잡지 않으면 민주주의가 뿌리를 내리지 못한다. 공정성에서 멀어지기 때문이다.

정치권의 행태도 민주적 질서를 해치고 있다. 국회는 정부와 사법부를 견제하는 기능을 수행해야 하지만 여당 국회의 행태는 그렇지 않다. 시녀 역할에서 크게 벗어나지 못하고 있다. 여당이기 이전에 입법부의 일원이라면 대통령이 임명한 인사에 문제가 있으면 있다고 말할 수 있어야 한다. 대통령의 '나홀로 인사'에도 말이 없고, 세상 사람들 대부분이 기초연금 문제를 지적해도 여당은 대통령의 뜻만 살피고 있다. 인사청문회에서도 공직후보자를 감싸려고만 든다. 정부를 견제하지 못한다면 입법부는 존재 가치를 잃는다. 민주주의의 근간 또한 흔들리기 마련이다.

최근에 임명된 경찰청장을 두고 조용히 운전을 하던 택시 기사가 느닷없이 질문을 던진 적이 있었다. 음주운전 단속을 하는 경찰의 수장이 음주운전을 했다는 사실이 만천하에 드러났고, 그것도 모자라 그 기록을 숨기기까지 했는데 어떻게 음주 단속을 하느냐고 말이다. 이런 청문회라면 아예 폐지하는 게 더 낫지 않을까?

야당 국회는 더 무겁게 움직여야 한다. 대통령의 독주, 여당의 밀어붙이기, 나아가 정부까지 견제해야 한다. 입법기관이라는 권한으로 이들을 견제하고 국민의 뜻을 의정활동에 반영하기보다는 국회의 문고리를 잡고 상대와 대립각을 세우는 행태를 이해할 수 없다. 공직후보자가 잘못 사용한 법인카드도 문제지만 사법부의 일원이 감사원장으로 직행하는 것이 삼권분립의 원칙에 맞는지에 대해 짚어야 했다. 삼권분립은 민주주의의 엄중한 원리이고, 무너지는 전례가 생기면 민주주의의 근간이 흔들릴 수 있기 때문이다.

선거에서 중립을 지켜야 할 공무원이 선거에 개입했다면 불법이다. 국가기관이 은밀한 방법으로 선거에 개입했다면 또한 불법이며 민주주의의 근간을 흔드는 일이다. 이것을 밝히면 되는 일을 여당은 대선불복이라고 하고, 야당은 헌법불복이라고 맞선다. 민주주의의 단맛을 가장 많이 본 집단이 교묘하게 민주주의의 기본질서를 해치고 있다. 대한민국 민주주의의 앞날이 걱정스럽다.

우리의 권력자들은 자신이 가진 권력을 남용하며 권력을 믿고 군림하는 행태를 보인다. 군림은 정치적 불평등을 조장한다. 대한민국에서는 권력을 가장 많이 가진 사람이 권력을 가장 많이 남용하는 현상이 나타나고 있다. 피 흘려 얻은 소중한 민주주의, 즉 자유와 평등의 가치를 누가 해치고 있을까, 그들은 바로 권력자들이라는 점이 참으로 안타까울 뿐이다.

참고문헌

Djilas, M.(1957). The New Class: An Analysis of the Communist System. Santa Barbara: Praeger.

Gerth, H., & Mills, C.(1946). Politics as a Vocation. Translated and Edited from Max Weber: Essays in Sociology, 77–128, New York: Oxford University Press.

Kolakowski, L.(1990). Dangers to Democracy. *Society*, 27(4): 77–79.

Lasswell, H.(1936). Politics: Who Gets What, When, How. New York: Whittlesey House.

제 5 장

대한민국 정부는 공정하지 않다

01 대통령부터 공정해야 한다

대통령은 공정해야 하며, 대한민국 모두의 대통령이어야 한다. 대통령이 공정하지 않으면 기회의 균등이라는 민주주의 가치가 침해를 받고, 공정한 경쟁을 바탕으로 하는 경제가 한쪽으로 기울어진다. 사회구성원 사이에서는 편 가르기가 심화된다.

제19대 국회 마지막 본회의에서 청문회 요건을 완화한 국회법 개정안, 속칭 '국회 상시 청문회법'이 통과되자 대통령 거부권 여부를 놓고 정국이 술렁인 적이 있었다. 거부권 찬성을 주장하는 여권은 무절제한 청문회는 위헌이라는 점을 부각시켰고, 거부권 반대를 주장하는 야권은 행정부에 대한 견제 강화를 위해 상시 청문회가 필요하다는 점을 강조했다. 모두의 시선은 거부권 칼자루를 쥔 박근혜 대통령에게 쏠려 있었다.

한국갤럽 조사에서 상시 청문회법에 대해 찬성 의견이 59%로 반대 26%보다 훨씬 높았다. 리서치뷰 조사에서도 찬성 61.8%, 반대 24.1%로 나왔다. 청문회법에 대한 국민여론은 찬성 쪽이었다. 그런데도 대통령은 거부권 행사를 했다. 당시 대통령은 에티오피아를 방문 중이었는데 거부권 행사 방식은 전자결재였다. 거부권 행사에 대해서도 국민여론은 부정적이었다. 한국갤럽 조사에서는 '잘못한 일'이라는 응답이 47%였고, '잘한 일'이라는 답변은 29%에 그쳤다. 리서치뷰 조사에서도 56.9%

가 '잘한 일', 34.1%가 '잘못한 일'이라는 답이 나왔다.

거부권 여부의 정당성 여부를 따지기에 앞서 대통령은 무엇을 하는 자리인지 생각해 보았다. 대한민국 헌법 제4장 제1절에는 "대통령은 국가의 원수이며, 외국에 대하여 국가를 대표한다."고 규정하고 있다. 국가의 원수란 대한민국의 모든 구성원의 윗자리에 있으며, 이들을 대표한다는 의미를 가지고 있다.

국가의 원수라는 단어에는, 대통령은 여당인 새누리당의 대통령이 아니고, 친박이나 진박의 대통령은 더욱 아니며, 여당에게도 야당에게도, 대통령을 지지하는 집단에게도 반대하는 집단에게도 대통령이라는 뜻이 내포되어 있다. 우리 모두의 대통령이라는 뜻이다. 당연히 어느 한편을 편애하지 않는 모두의 대통령이란 입장에서 국정을 관리하는 자리가 대통령이다. 거부권 행사도 이 관점에서 판단해야 했었다.

공공영역뿐 아니라 민간영역에도 공식적인 자리에는 의전서열이 있다. 대한민국 헌법에도 암묵적 의전서열이 존재한다. 제1장 총강은 대한민국의 국체와 정체를 규정하고 있다. 대한민국은 민주공화국이며 모든 권력은 국민에게서 나오고, 공무원은 국민전체의 봉사자라는 점을 헌법은 천명하고 있다. 제1장 총강이 대한민국이라는 점은 대한민국은 대통령 및 우리 모두가 존중해야 하며 의전서열 1번이라는 또 다른 표현이다.

대한민국 헌법 제2장이 지칭하는 대상은 국민이다. 민주공화국, 대한민국에서 가장 우선적으로 고려해야 할 대상이 국민이며 헌법의 암묵적 의전서열 2번은 국민이라는 뜻이다. 대통령이든, 국회의원이든, 장·차관이든, 고급관료든 모두 국민을 모셔야 하며, 헌법이 강조하는 가장 소중한 가치가 이렇게 반영되어 있다고 믿어 의심치 않는다.

대한민국 헌법 제3장은 국회, 제4장은 정부에 대해 규정하고 있다. 대통령은 행정부의 수반이기 때문에 제4장 제1절에 대통령을 정부의 일부로 간주하고 규정한 것이 대한민국 헌법의 정신이다. 대통령은 국가를 대표하는 원수이지만 국민과 국회를 상위 의전서열로 간주하고 섬겨야 한다는 정신의 반영이 아닐까 생각한다.

대통령은 취임에 즈음하여 대한민국 헌법이 규정한 바대로 선서를 해야 한다. 그 첫마디가 "나는 헌법을 준수하고…"이다. 헌법을 준수한다는 의미는 헌법의 정신을 존중한다는 뜻이다. 대한민국의 대통령은 대한민국 국민 모두로부터 존경을 받아야 할 자리인 것과 마찬가지로, 헌법 정신 또한 소중한 가치로 받아들여져야 한다.

국회 상시 청문회법의 발의자가 누구인지 살펴보았다. 의원 30명이 발의자인데 모두 현재의 여당 새누리당 국회의원이었다. 대표 발의자는 조원진 의원이고, 강길부, 강석훈, 권은희 의원 등이다. 이 법안은 2014년 국회의장 직속 국회개혁자문위원회에서 미국식 청문회를 벤치마킹해 상임위원회 차원의 청문회를 활성화하자는 취지로 제안되었다. 상당기간 연구하고 분석한 결과에 따라 나온 법안인 것으로 이해할 수 있다.

법제정 혹은 개정 활동은 정책결정 활동과 같은 뜻이다. 정책과정에서 정치논리를 완전히 배제하기는 어렵지만 최소한에 그쳐야 합리적 관점에서 정책이 결정되고 국민이 편안해진다. 상시 청문회법의 통과와 거부권 행사를 두고 정치논리로 생각해 봐도 잘 이해가 되지 않는 점이 많다.

국회의장이 직속으로 국회개혁자문위원회를 두고 고민 끝에 나온 법안인데, 국회의장은 무소속이지만 현 여당에서 나왔는데, 야당은 하나도 섞이지 않고 순수하게 여당 의원들만으로 발의한 법인데… 왜 대통령이 거부권 행사를 해야 했을까? 청와대와 국회의 복잡한 정치를 잘 모르는 일반 국민으로서 의문이 풀리지 않는다.

우리들의 대통령이기보다는 일부 집단의 대통령이기를 원하지는 않았을 터인데… 대통령이 일부 집단의 대통령처럼 언행을 하는 순간 권력 다툼이 치열해지고, 정치권력 불평등은 심화될 수밖에 없다. 권력이 한쪽으로 기울어졌다는 뜻이기 때문이다. 그래서 대통령의 언행은 엄정해야 한다.

02 대한민국의 정부조직 개편이어야

이명박 후보의 대통령 당선 직후 정부조직 개편안을 둘러싼 찬반 여론이 뜨거운 적이 있었다. 그는 18부 4처인 중앙행정조직을 13부 2처로 줄여 '작은 정부'를 구현하고자 했다. 작은 정부라는 방향에는 동의했지만 그것의 효율성에 대해서는 의문을 제기하지 않을 수 없었다. 무엇보다 각론에서 몇 가지, 그러나 중대한 문제점이 드러났기 때문이다.

첫째, 작은 정부를 실현할 '제물'로 정보통신부, 해양수산부, 과학기술부, 여성가족부, 통일부를 선택한 것이 바람직한가?라는 점이었다. 정보통신부와 과학기술부는 합치면 시너지 효과가 창출될 수 있다. 그러나 이를 분해해 산업자원부를 키워 만든 지식경제부에 붙여놓은 것은 문제였다.

최고의 부가가치를 창출하는 미래 산업은 정보기술(IT), 생명공학기술(BT), 나노기술(NT) 등 과학기술에서 나온다. 그런데도 과학기술부와 정보통신부를 해체하여 산업자원부에 흡수·통합시켰다. 이명박 정부에서는 미래의 최고 부가가치를 창출할 정책을 책임질 과학기술 전담 부처가 소멸되었다.

둘째, 국토해양부가 해양수산부의 일부 기능을 흡수하면서 과거의 건설교통부보다 비대해진 것도 문제점으로 꼽혔다. 한반도 운하와 같은 사업을 염두에 두고 키웠을 수는 있지만 바른 방향은 아니다. 저렴한 물류 이동을 위해 건설교통의 기능이 중요하지만, 지나친 강조는 20세기 '건설경제' 패러다임으로 21세기 지식정보화 경제 정책을 재단한다는 비판이 당시에 터져나온 것도 사실이다.

셋째, 작은 정부라 해서 축소만이 능사는 아니다. 경제부처는 축소하고, 복지부처는 강화해야 한다. 경제부처의 축소 이유는 기능강화가 규제강화로 이어질 수 있기 때문이다. 강화된 경제부처는 지식경제부로 거듭난 산업자원부, 국토해양부로 거듭난 건설교통부, 그리고 기획재정부이다.

그러나 복지기능은 그렇지 않다. 보건복지부와 여성가족부를 합쳐 보건복지여성부로 재구성하여 원상복귀한 것이 전부였다. 현재 복지기능은 보건복지부와 노동부에 분산되어 있다. 보건복지부에서 국민연금과 국민건강보험을, 노동부에서 고용보험과 산재보험을 관리한다. 복지기능을 강화하려면 이것을 통합할 필요가 있다. 업무가 연계되어 있기 때문이다. 고령화 사회의 복지수요 증가에 대비해 '복지청' 같은 조직을 만들어야 할 상황임을 간과한 조치였다.

넷째, 부처 내부의 조직 개편 방향을 제시했어야 했다. 정부조직 개편의 핵심은 부처의 수가 아니라 부처 안의 실·국 및 과 단위 조직을 슬림화하는 일이다. 예컨대, 참여정부는 하나의 계급으로 압축시켰어야 할 고위공무원단의 계층제를 5개로 늘리는 우를 범했다. 계층제의 수를 압축하고, 중복되는 업무를 단순화시키는 작업이 이뤄져야 했다. 실·국 단위의 인원수도 10명 수준에서 100명 이상 천차만별이다. 대국(大局)을 지향하되 실(室)을 최소화하거나 폐지함으로써 진정한 의미의 '작지만 효율적인 정부'를 구현할 계획을 세웠어야 했다.

끝으로, 대통령이 바뀔 때마다 정부조직 개편을 한다면 국가적 낭비이다. 비용이 만만치 않다. 이삿짐을 싸야 하고, 부처 이름을 바꿔 달고 명함과 문구류를 다시 인쇄해야 한다. 그래서 '천하를 손에 잡은 사람들'만의 사상이 담긴 작명과 조직 개편은 지양되어야 한다. 교육과학부, 행정안전부, 농수산식품부, 보건복지여성부, 국토해양부와 같은 명칭은 어색하기 짝이 없었다. 원칙에 따르면 두려울 것도 없다. 5년 후의 새 정부도 사용할 수 있어야 이명박 식의 조직 개편이 아니라 대한민국 정부의 조직 개편이라는 찬사를 들을 수 있었을 것이다.

03 정부조직은 권력자의 소유물이 아니다

대통령 선거에 이상한 전통 하나가 생겼다. 후보들마다 정부조직을 이렇게 저렇게 개편하겠다는 공약 쏟아내기였다. 박근혜 정부를 만든 제18대 대선에서도 예외가 아니었다. 박근혜 새누리당 후보는 과학기술과 정보기술 정책을 전담할 미래창조과학부 설치를, 문재인 민주통합당 후보는 과학기술부 및 해양수산부 부활과 정보미디어부 신설을 내걸었다. 문재인과 단일화를 시도했던 안철수 무소속 후보는 미래혁신 경제를 담당할 미래기획부 신설을 주장했다.

정부조직 개편은 신중해야 한다. 잦은 개편으로 정부의 안정감이 흔들리고, 비용 또한 만만치 않기 때문이다. 부처의 간판과 명패를 바꿔야 하고, 명함을 다시 찍고, 부처 홍보에 돈이 드는 등등은 그나마 지엽적인 일이다. 5년마다 부처 이름이 변하면 국제무대에서 대외협력과 협상 파트너에게 좋은 인상을 주지 못한다. 정책에 방점을 두면서 조직 개편 운운하는 것은 후진국형 접근법이다.

대통령이 바뀌면 정부조직 개편을 한다는 등식은 세계 어느 나라에도 없다. 이명박 정부 말기인 2012년 12월 당시 15부 2처 3위원회의 명칭을 보면 정부 수립 후 그대로 남아 있는 부처는 국방부와 법무부 정도였다. 나머지는 합치고 나누면서 정체성 혼란을 겪었다. 한심한 작태라고 설명할 수밖에 없는 대목이다.

과거 내무부는 행정자치부를 거쳐 행정안전부로 변했고, 교육부는 교육인적자원부를 거쳐 교육과학기술부라는 이름으로 변했다. 과거 교통부는 건설부를 거쳐 건설교통부로 바뀌었다가 일부 기능을 떼어 내 해양수산부로 독립시켰고, 다시 이명박 정부는 지금의 국토해양부라는 이름으로 이 모두를 합쳐 놓았다. 무엇이 달라졌나고? 이름만 바뀌고 정책은 그대로인 것이 대부분이었다.

이름만으로 논문 한 편을 쓰고도 남을 변천사를 가진 부처는 기획재정부다. 이 부처의 뿌리는 정부 수립 당시 재부무와 기획처다. 1961년 박정희 정부가 두 부처를 합쳐 경제기획원을 만들었다. 1994년 김영삼 정부는 경제기획원과 재무부를 합쳐 재정경제원으로 바꿨다. 1998년 김대중 정부는 재정경제부로 고친 후 예산기능을 대통령 직속의 기획예산위원회와 예산청으로 분리했다가 다시 이 두 조직을 합쳐 기획예산처를 설치했다.

이명박 정부는 이 모두를 합쳐 기획재정부로 개칭, 과거 경제기획원과 유사한 기능을 수행하도록 했다. 돌고 돈 지점이 경제기획원과 유사한 기능이라면, 정부조직 개편으로 얻은 것이 무엇일까? 합리성보다는 권력자의 입맛에 맞춰 개편되었다는 인상을 지울 수 없다. 조직 개편이라는 이름으로 정부부처의 이름을 바꾼 행위를 참으로 이해하기 어렵다.

이명박 정부로부터 멋진(?) 이름을 받은 지식경제부는 지식경제에서 풍기는 이미지와 부처 업무의 아귀가 맞지 않아 정체성의 혼란을 겪다가 박근혜 정부에서는 없어졌다. 노동이나 자본이 아닌 첨단지식을 기반으로 하는 경제의 관리라는 목적의 이 부처는 설치 후 정보기술(IT), 생명과학기술(BT), 환경기술(ET), 그리고 문화기술(CT)과 같은 미래 첨단산업 육성의 흔적이 거의 드러나지 않았다.

부처를 신설하면 산업 육성 혹은 서비스 개선이 뒤따라야 하는데, 지식경제의 한 축을 형성하는 유전자 분야는 노무현 정부 때보다 후퇴했다는 것이 중론이고, 정보통신부 해체로 사령탑이 없어져 IT 산업만 표류하게 하는 결과를 낳았다.

정부마다 정부조직 개편의 필요성을 역설했지만 결과적으로 합리성과는 거리가 멀었다. 그동안의 정부조직 개편이 정권 담당자의 자기만족을 위한 것은 아니었는지 묻지 않을 수 없다. 오랜 전통을 가진 음식점일수록 메뉴를 함부로 바꾸지 않는다. 그것이 손님에 대한 보답이자 예의다. 대통령이 바뀔 때마다 정부조직을 개편하면 국민은 그때마다 새 이름에 적응해야 하는 불편을 겪는다. 원하는 서비스를 제공받으려 여기저기 묻고 다니는 수고도 감수해야 한다.

미국은 9·11 테러 이후 국토안전부를 신설한 것 말고는 수십 년간 정부조직에 손을 대지 않았다. 대통령 선거 때 정부조직 개편 공약이 나오는 일도 없다. 설령, 부처를 신설해도 명칭과 목적이 일치한다. 우리의 유력 후보들이 내세우듯 미래창조나 미래기획과 같은 수식어를 넣어 정부조직을 만들지 않는다. 그러면 후임 대통령은 자기 색깔에 맞는 이름으로 또 바꾸려 하고, 서비스는 같은데 이름만 바뀌는 악습이 되풀이될 수밖에 없다. 굳이 정부조직을 개편하겠다면 신중해야 하고, 최소한에 그쳐야 한다. 권력자의 정부조직이 아니라 대한민국의 정부조직이 되게 해야 한다.

사람도 이름을 잘 바꾸지 않는다. 이름은 정체성을 뜻하기 때문이다. 이름이 특이해서 놀림감이 되거나, 꼭 바꾸어야 할 필요가 있는 경우를 제외하면 개명을 하지 않는 이유도 정체성 때문이다. 조직 개편도 마찬가지다. 이름을 자주 바꾸면 신뢰를 잃는다.

04 엽관제 유령을 물리칠 퇴마사가 필요하다

윌리엄 화이트(Whyte, 1956)는 조직철학자이다. 그는 1956년 불후의 명작 『조직인(*The Organization Man*)』을 남긴다. 이 책에서 그는 인간 군상을 이렇게 묘사한다. 인간은 조직을 떠나 살 수 없다. 평생을 조직 속에서 살다가 조직의 일원으로 죽어간다. 생존을 위해서는 자신을 버리고 조직에 매몰되어야 한다. 또한, 조직의 가치를 자신의 가치로 수용하는 길만이 성공이 보장되는 길이다. 이것이 화이트(W. Whyte)의 주장이었다.

화이트의 『조직인』은 산업사회를 살아가는 인간의 전형(典型)이었다. 책이 출판될 당시 미국인의 삶의 모습은 조직인 그 자체였다. 미국 대중의 의식과 공감대를 형성한 이 책은 출판되자마자 베스트셀러 대열에 올랐다. 지금도 조직인으로서의 삶을 요구하는 기업이 많고, 그렇게 살아가는 사람들이 우리 사회에는 많다.

1970년대에 들어와 로버트 실버맨과 헤밍(Silverman & Heming, 1975)은 「조직인에서의 탈출: 전문인으로의 진입」이라는 논문을 발표하여 화이트의 『조직인』을 비판한다. 조직인은 산업사회를 살아가는 인간상일 뿐이며, 조직인으로서의 사고로는 성공을 기대할 수 없다고 지적한다. 그리고 전문성을 역설한다.

실버맨과 헤밍에 따르면, 전문인은 조직의 틀을 벗어나 활동한다.

이들은 각기 다른 조직에서 일을 하지만 전문영역을 중심으로 네트워크를 만든다. 같은 전문인끼리 정보를 교환하고, 필요하면 협의체를 만들어 함께 일함으로써 개인과 조직의 발전을 동시에 추구한다. 대우가 좋지 않으면 전문인은 스스로 만든 네트워크를 활용하여 그 조직을 떠난다.

전문인은 21세기에 들어와 창조적 전문인(creative professional)으로 진화한다. 전문지식에서 한 단계 더 나아가 부가가치 창출이 가능한 전문가만이 성공이 보장되는 시대의 도래를 주장한다. 리처드 플로리다(Richard Florida) 교수가 바로 그다. 그는 21세기에는 전 세계에서 1,000만 명 정도의 창조적 지식인이 세계 경제를 주도할 것이라고 예고한다. 그는 이들을 창조적 계급(creative class)이라고 지칭한다(Florida, 2002).

조직인, 전문인, 창조적 전문인 같은 시대적 소명을 묘사한 인간관은 인사에 반영되지 않을 수 없다. 시대를 이끄는 인재 발탁의 전범(典範) 역할을 하는 정부 인사에서는 더욱 그렇다. 그래야 공기업 등 정부 산하기관에서도 보고 배우며, 민간영역에서도 정부 정책에 순응하는 태도를 보인다.

그런데 이명박 정부에서는 한마디로 조직인의 인간상을 뛰어넘는 인사를 찾기가 쉽지 않았다. 전문성보다는 지근거리 인물만 보이는 경우가 많았다. 박근혜 대통령의 경우도 마찬가지였다. 비선에서 추천한 전문성 없는 사람을 장관에 발탁하여, 공무원은 이들의 교육에 아까운 시간을 낭비한다.

정치권은 더 한심하다. 여야를 막론하고 정당조직 내에서는 유력인사에 맹종하는 인물만이 득세한다. 세월은 변천을 거듭하여 전문인이나 창조적 전문인을 요구하는 시대가 되었는데 대한민국 정부의 인사에는 조직인이 득실거린다. 말은 창조경제를 외치면서도 언행의 일치를 찾기가 참으로 쉽지 않다.

능력 있는 인물의 정치권 영입보다는 유력 인사에 줄서기순으로 정치인 충원이 이루어지는 경우가 많다. 그래서 계파 간의 정쟁이 끊이질 않는다. 정·관(政官) 인사가 이 정도이니 대한민국에 창조적 지식인이 설 땅이 너무나 좁다. 창조적 지식인의 경우, 합리적 행위에 익숙해 있어서 줄서기에는 취약하기 때문이다.

역대 정부가 그랬듯 현 정부도 임기 말 권력누수 현상을 걱정하는 모양이다. 생각해 보면 권력누수 현상도 정권 담당자가 자초한 부분이 많다. 그럼에도 불구하고 청와대는 자성보다는 관료사회와 여의도를 향해서 목소리를 높인다. 국가 현안, 부처 간 갈등, 혹은 사회적 쟁점이 되는 문제에 적극 나서기, 그리고 사정기관을 동원하여 공무원 기강잡기를 주문한다.

정실인사를 최소화하고, 실적 중심 인사를 해왔으면 권력누수를 크게 걱정할 필요가 없다. 누가 권력을 잡든 정실은 다를지라도 실적은 다르지 않기 때문이다. 정실인사가 다음 정부에서도 예외가 아닐 듯 싶다. 차기 대선을 향해 유력 정치인을 중심으로 줄서기가 난무하는 현실이 이를 말해준다. 전문성도 없는 인물이 줄서기순에 따라 우수수 요직에 입성하고, 그로 인해 흔들리는 공직사회의 폐해가 눈에 선하다.

이것은 엽관제(spoils system)라고 말한다. 1800년대 미국에서 존재했던 행정학의 고전적 사례이다. 1850년을 전후해 미국은 엽관제 폐해가 심각했었다. 제임스 가필드(J. A. Garfield) 대통령이 저격을 당하는 사건이 발생하여 펜들턴법을 만들면서 끝이 났다. 그런 악령이 5년마다 21세기 여기, 대한민국에서 출몰한다. 엽관제의 유령을 물리치는 퇴마사가 올 날을 기대해 본다.

05 박근혜 정부 위기관리, 무엇이 문제인가

냉전기간 중 가장 위험한 핵 전쟁의 순간은 1962년의 쿠바 미사일 사건이었다. 이 사건은 그해 10월 22일부터 11월 2일까지 11일 만에 종결되었지만 파장은 역사에 남을 정도로 대단했다. 당시 구소련이 핵탄도미사일을 쿠바에 배치하려 하자 미국이 반발하면서 양국이 대치해 핵 전쟁 발발 직전까지 갔다.

군사 전문가들은 지금 한반도 상황이 쿠바 사건 이후 가장 위험한 핵 전쟁의 위기라고 말한다. 이명박 정부 마지막 해인 2012년 2월 12일 북한의 핵 실험과 3월 8일의 유엔 안보리의 대북 추가제재 결의 이후 고조된 한반도의 군사적 긴장을 두고 시작된 말이었다.

박근혜 정부에서는 그 위기가 더 고조되고 있다. 2016년 8월 24일 북한은 잠수함발사탄도미사일(SLBM)을 발사했다. 여기에 대해 박근혜 대통령은 북한은 핵무기 소형화를 절대 포기하지 않을 것이며, 만약 탄도미사일에 핵을 탑재하게 된다면 우리 국가와 민족의 생존이 위태롭게 될 것이라고 강조했다.

한반도 남쪽에 둥지를 튼 우리는 지금 핵 전쟁의 위험지대에 살고 있다. 대통령의 인식처럼 이것을 모르는 사람은 없다. 문제는, 왜 그 위협이 점점 더 현실화되어 가는가이다. 속내를 드러내지는 않지만 전쟁의 공포를 억누르며 떨고 있는데, 박근혜 정부는 이 땅의 5,000만 국민의 안위를 위해 무엇을 하고 있는지 묻고 싶다.

지금 대한민국은 중대한 안보위기 상황이고, 다른 나라에서는 그 위기의 강도를 준전시 수준이라고 평한다. 국지전이라도 발발하면 전장은 우리의 땅일 텐데도 미국과 북한의 장군 멍군만 있을 뿐 대한민국의 목소리는 잘 들리지 않는다. 북한은 2013년 3월 26일 1호 전투근무태세 진입, 3월 27일 남북한 군 통신선 단절, 3월 30일 전시상황 선언에 이르기까지 협박 수위를 높인 적이 있다. 개성공단으로 가는 길도 반은 막았다. 그러나 대한민국은 마치 숨어 있는 그림자 같았다.

2016년 8월 현재 상황은 그때보다 더 나빠졌다. 개성공단으로 가는 길은 이미 막힌지 오래되었다. 북한의 호전성 강도는 더 높아졌다. 그런데 우리는 고고도미사일방어체계, 일명 사드 배치 부지 때문에 국론이 분열된 상황이다. 국가 안보와 관련된 중요한 정책결정에 여론수렴 과정의 문제를 제기하며 비판하는 반대론자들을 설득하지 못하고 있다.

국가안보와 관련된 사항을 결정하는 정책은 전략정책으로서 여론수렴보다 전략적 판단이 우선이다. 정책의 성격이 그렇다. 국가의 안위와 관련된 정책인데 어떻게 일일이 여론을 수렴하여 결정할 수 있다는 것인지에 대해 논리를 펴는 대통령 주변 사람들은 찾아보기 어려운 상황이다.

동맹국인 미국만 쳐다보고 있는 현실이 너무나 안타깝다. 2013년 안보위기 때도 북한의 위협에 맞섰던 나라는 대한민국이라기보다는 미국이었다. 그해 3월 31일 B52 핵 폭격기와 B2 스텔스 폭격기, F22 전투기 등 첨단 무기를 한반도에 보냈고, 이를 공개했다. 각 언론에서는 레이더에 잡히지 않아 북한 주석궁 등 전략 목표 타격이 가능한 전투기라고 소개했다. 4월 1일에는 탄도미사일 탐지 전용인 X밴드 레이더를 한반도 쪽으로 이동·배치했다.

그제야 우리 군은 북한의 핵무기 사용이 임박해 있다면 미사일로 선제 타격도 가능하다고 발표했다. 국가의 안보 주권이 누구에게 있는지 묻고 싶을 정도였다.

안보위기 관리의 핵심은 평화이고, 전쟁의 공포로부터 해방과 국민의 생존권 보장이 최우선이다. 세계가 지켜보는데, 정부의 역할은 독립변수가 아니라 종속변수로 일관하고 있다. 국민을 안심시키는 브리핑조차도 찾기 어렵다. 2013년 때도 그랬고, 지금도 나아진 게 없다. 2013년 당시에는 3월 27일 장관 14명을 대동하고 천안함 용사 3주기 추모식에 간 박근혜 대통령은, 북한의 변화를 촉구하는 정도의 행동을 보이기는 했다. 그해 4월 3일에는 북한의 개성공단 출경 금지를 놓고 국방 장관은 만약의 사태가 발생하면 군사조치가 가능하다는 발언을 했다가 바로 다음 날 "오늘 아니면 내일 전쟁"이라는 북한의 협박에 속수무책으로 당해야 했다.

북한이 핵 실험을 한 2013년 2월 12일은 이명박 정부 말기이자 박근혜 정부로의 정권 교체기였다. 당시 주가는 올랐지만 남북한 긴장이 고조되었던 3월에는 주가가 폭락했었다. 미국 다우(Dow) 및 일본 닛케이(Nikkei) 지수는 호황인데 우리 코스피(KOSPI) 지수는 곤두박질쳤던 상황을 기억하는지 모를 일이다. "오늘 아니면 내일 전쟁"이라고 위협하던 4월 4일 주가는 23.77포인트 떨어진 1,959.45, 평양의 외국 대사들에게 철수 고려를 운운한 4월 5일 종가는 32.22포인트 추락한

1,927.23이었다. 환율은 3월 초 1달러에 1,090원선이었지만 4월 5일에는 1,135원으로 치솟았다.

이는 북한의 전과이고, 우리의 위기 관리 실패의 증거이다. 당시 이건희 삼성 회장의 귀국에 누리꾼들의 일성이 "이제는 전쟁 걱정 접자."라고 했다니 곱씹어 보아야 할 말이다. 정부의 믿을 만한 행동이 얼마나 간절했으면 그랬을까? 지금도 북한이 남북의 긴장을 고조시키는 전략을 구사한다면 어떤 대처를 준비하고 있는지 묻지 않을 수 없다.

안보위기 관리의 핵심은 바람직하지 못한 결과의 최소화이다. 그래서 전쟁을 하면서도 성역은 건드리지 않고, 전쟁 중에도 대화는 끊지 않는다. 현재 남북한 관계의 성역은 무엇이며, 이 성역에 대한 대화가 있어야 한다. 남북 당사자가 그런 행동을 보여야 국제문제 중개인이 나설 수 있다.

한반도의 긴장이 얼마나 컸으면 2013년 위기 당시 쿠바 미사일 사건의 한 축이었던 피델 카스트로(F. Castro) 전 쿠바국가평의회 의장까지 나서 북한의 자제를 촉구했을까, 깊이 생각해 보아야 한다. 긴장이 길어지면 그 피해는 고스란히 우리가 짊어져야 한다. 현재의 치킨 게임(chicken game)을 끝내거나 긴장을 완화시킬 수 있는 전략적 선택을 기대한다.

참고문헌

조은진(2016). Who Is? 김무성 새누리당 대표: 폭이 넓은 YS의 정치적 아들. Business Post. 2월 5일자.

Florida, R.(2002). *The rise of the Creative Class*. New York: Basic Books.

Silverman, R., & Heming, D.(1975). Exit the Organization Man: Enter the Professional Person. *Personnel Journal*, 54(3): 146-148.

Whyte, W.(1956). *The Organization Man*. New York: Simon and Schuster.

제 6 장

불공정 정책이 정부불신 낳는다

01 정부가 공정해지려면

나라 살림을 하는 행정과 개인과 기업의 살림을 하는 경영은 그 본질이 다르지 않다. 민족자결주의를 외쳐 3·1 운동의 이론적 기반을 제공한 바 있고, 미국의 대통령을 지낸 행정학의 아버지로 불리고 있는 윌슨(W. Wilson)은 그의 논문 「행정의 연구(The study of administration)」(1887)에서도 그렇게 설명했다. 행정과 경영의 중요한 각론으로 자리잡고 있는 조직, 인사, 예산 등 이론은 같다.

행정과 경영의 다른 점이 있다면 행정은 주어진 세금으로 살림을 꾸리고, 개인과 기업은 돈을 벌어 살림을 한다는 점이다. 행정의 재원은 개인과 기업의 세금에서 조달되고, 개인과 기업의 재원은 그들의 경제활동으로 만들어진다. 따라서 타인의 주머니에 의존하는 행정은 공정성이 존중되어야 하고, 스스로 재원을 마련해야 하는 개인과 기업은 이윤 창출, 즉 효율성을 최고의 가치로 여긴다.

정부가 주체인 행정은 이상한 특성이 하나 있다. 반드시 지켜야 할 공정성을 저버려도 행정은 망하지 않고, 사회갈등만 심화될 뿐이라는 점이다. 행정의 주체인 정부는 대기업이 가진 대마불사보다도 더 질긴 생존본능을 가지고 있기 때문이다. 이 점 때문에 공정해야 할 정부의 행정이 불공정해지는 경우가 많다.

그러나 기업의 경영은 다르다. 이윤 창출을 못하는 기업은 망하고,

개인은 파산의 길을 걷는다. 따라서 행정을 하는 사람과 기업을 하는 사람의 마음가짐은 다를 수밖에 없다. 행정을 하는 사람은 잘못해도 망하지 않기 때문에 나태해지기 쉽고, 기업하는 사람의 잘못은 곧 소멸을 의미하기 때문에 사생결단의 자세로 임한다. 그래서 물불을 가리지 않고 돈 되는 일에 몰두한다.

나태해도 생존이 가능한 집단과, 나태하면 생존이 불가능한 집단의 관계는 매우 역설적이다. 나태해도 되는 집단이 우위에 있고, 치열한 생존 경쟁에 익숙해 있는 집단이 하위에 있다. 적어도 우리 사회는 그렇다. 우리 사회는 전자를 갑이라 하고 후자를 을이라 한다. 나태할 수 있으면서도 엄청난 권한을 행사할 수 있는 집단이 정부이기에, 기업의 관점에서 보면 정부는 태생적으로 공정하지 않다. 정부가 공정해지려면 업무 태도가 바뀌어야 한다. 고압적 권한행사에서 고객 중심의 봉사행정으로 바뀌지 않으면 불가능하다.

정부가 공정해지려면 세금 징수도 공평해야 한다. 공평조세의 기준 중 하나가 국세 수입에서 차지하는 간접세 비중이다. 부가가치세와 같은 간접세의 비중이 높으면 소득의 역진효과가 나타나 서민들의 가계 부담이 늘어날 수밖에 없다. 간접세는 부자거나 가난하거나 똑같은 세율이 적용되기 때문이다. 이에 반해, 직접세는 누진세율을 적용하기 때문에 가난한 사람은 적게 내고, 부자는 많이 내는 구조를 갖는다. 따라서 간접세의 비중이 높으면 서민생활이 어려워지는 것은 당연하다.

우리나라의 국세에서 차지하는 간접세 비중은 상대적으로 높다. 경제협력개발기구(OECD) 국가의 평균 간접세 비중이 20% 수준인데 우리나라는 50%가 넘는다. 간접세 비중은 2005년 52.4%에서 2007년

47.3%로 낮아졌으나 2008년 48.3%로 반등한 이후 2011년 현재 52.1%로 다시 늘었다.

최근 조세재정연구원 주최로 열린 공청회에서 장기적으로 부가가치세 부담을 늘리는 방안이 제시되었다. 정부가 공평해지려면 간접세 비중을 줄여 나가야 함에도 불구하고 부가가치세를 늘림으로써 간접세 증세를 추진하는 행위는 공평과는 거리가 멀다.

물론, 이 공청회에서 소득세의 비중을 늘리는 방안이 제시되기는 했다. 그러나 소득세의 경우 과세구간 조정 없이는 공정 세정의 목표를 달성하기 어려울 뿐 아니라 자칫 역진효과가 발생될 수 있다. 2012년 귀속 소득세 과세구간은 5등급이었다. 최하구간은 연소득 1,200만 원 이하로 세율은 6%, 다음은 4,600만 원 이하로 세율은 15%, 3등급은 8,800만 원 이하로 세율은 24%, 8,800만 원 초과에서 1억 5,000만 원 이하까지는 35%, 3억 원 초과는 38%로 설정해 놓고 있다. 누진세율을 적용하기 때문에 공평하게 보일 수도 있다.

그러나 10분위별 연평균소득을 보면 문제점이 드러난다. 2013년 소득수준이 가장 높은 10분위의 평균소득은 1억 2,000만 원, 소득 9분위 평균소득은 7,900만 원 수준이다. 현행 과세구간을 보면 9분위 수준의 소득자에게는 최고 소득세율 35%를 적용하고 있다. 연소득이 9,000만 원인 사람과 2억 9,000만 원인 사람의 소득세율이 35%로 동일하다면 공정하지 않다. 2013년 현재 평균소득이 5,030만 원 수준인데 부과하는 세율이 24%라면 공정한 세율인지도 의문스럽다.

문제가 있음에도 불구하고 2014년 이후 과세구간은 크게 변하지 않았다. 8,800만 원에서 1억 5,000만 원 이하까지는 구간도 세율도 같다.

1억 5,000만 원에서 3억 원까지만 35%에서 38%로 상향 조정되었을 뿐이다. 최고 구간인 3억 원 초과도 38%로서 이전 세율에서 변동이 없다.

정부가 공정해지려면 사회복지와 같은 분배정책도 공정해야 하지만 조세정책도 공정의 틀에서 벗어나지 말아야 한다. 이것이 정부가 공정해지는 첫걸음이다.

02 불공평 세제가 정부불신 낳는다

몇 년 전 증세에 뿔난 시민들이 소득세제 개편안을 질타하던 때가 있었다. 당시 증세 대상이 중산층과 서민층이라는 점이 드러나 정부가 코너에 몰리기도 했다. 주무부처인 기획재정부는 서둘러 중산층의 범위를 연소득 1,825만 원에서 5,500만 원 사이라고 정리한 후 세금을 더 내는 연소득 수준을 3,450만 원에서 5,500만 원 이상으로 끌어올렸다. 증세 대상을 중산층 상한선 이상으로 올려 문제의 원인을 제거했다는 입장을 보였다.

다시 수정안이 졸속이라는 비판과 함께 중산층의 범위를 놓고 논쟁이 일었다. 기획재정부에서 주장하는 중산층 하한선 1,825만 원은 2013년 4인 가족의 연간 최저생계비 1,856만 원보다 낮고, 소득 10분위에서 가장 낮은 2분위 소득수준이라는 점을 문제로 지적했다. 중산층 상한선 5,500만 원도 현실을 반영하지 못했다는 비판이 쏟아졌다. 그 상한선은 6,000만 원, 혹은 7,000만 원 이상이라는 주장도 나왔다. 정부의 중산층 살리기 방안이 시급하다는 논의가 있었지만 정부 의제로 채택되기도 전에 다시 주택거래 활성화 방안이 나왔다.

세제 개편의 주요 논리는 중산층의 범위 설정이지만 주택거래 활성화 방안을 내놓으면서 중산층 논의는 사라졌다. 이 대책은 연리 1~2%에 20년 만기 모기지 도입으로 전세 수요를 주택 취득 수요로 유인하고, 취득세 인하로 주택거래를 활성화한다는 안으로 요약된다. 9억 원 이하의 주택에 부과하던 2% 세율을 둘로 나누어 6억 원 이하는 1%로 낮추고, 6억 원에서 9억 원 이하는 2%로 유지하기로 했다. 9억 원 초과 주택은 4%에서 3%로 낮추기로 했다.

문제는 취득세율 조정안에서도 중산층이 상대적으로 손해를 본다는 점이다. 6억 원에서 9억 원 정도의 주택취득자는 대체로 중산층에 속한다. 6억 원 이하의 주택구매자와 9억 원 초과 주택구매자의 세율은 1%씩 낮아졌는데 중산층의 허리를 차지하는 이 계층의 취득세율은 2% 그대로이다. 이익은 공평하게 돌아가야 함에도 불구하고 이 그룹만 빈손이다.

개편안에서 5억 5,000만 원의 주택 취득세는 550만 원인데 6억 5,000만 원의 주택구입자는 1,300만 원의 취득세를 내야 한다. 주택가격 1억 원 차이가 2.4배의 증세로 이어지는 제도가 공평한지 의문이다. 8억 5,000만 원의 주택 취득세는 1,700만 원인데 10억 원 주택구입자의 세금이 3,000만 원이라면 과한 수준이다. 15억 원 주택구입자는 5억 원 주택 취득세 500만 원보다 9배가 많은 4,500만 원을 세금으로 바쳐야 하는데 공평한 정책일까? 투기예방을 위한 징벌적 세율이 아니라면 더 신중해야 했다.

소득세든 취득세든 세제 개편에는 후유증이 따른다. 개인의 소득과 재산에 부과하는 세금이기 때문이다. 직접세는 조세 저항도 만만치 않고, 한번 정하면 개정도 용이하지 않다. 그런데도 자로 선을 긋듯 일정수준의 금액을 정한 후 초등학생 수학문제 풀이처럼 세율을 정하면 이것은 착한 정책이 아니다. 이러한 정책이 지속되어 중산층이 소외된다면 정부는 신뢰를 잃을 수밖에 없다.

시장의 관점에서 정책은 이익 덩어리이다. 정책의 중심이 어디냐에 따라 이익이 돌아가는 계층이 달라진다. 중산층이 아니라 고소득층으로부터 더 많은 세금을 거두어 저소득층에게 되돌려주는 것이 착한 정부의 기본이다. 착한 정부는 이익을 고르게 분배할 줄 알고, 공정한 분배를 통하여 시민사회와 신뢰를 쌓을 줄 안다. 박근혜 정부는 국민이 행복해지기를 원하는 착한 정부를 지향하면서도 중산층의 희생을 강요하는 실책을 범하고 있다.

이솝 우화에 여우와 황새 이야기가 나온다. 여우는 친구가 된 황새를 식사에 초대했다. 황새는 즐거운 마음으로 초대에 응했으나 테이블에는 납작한 접시에 담은 수프가 전부였다. 긴 부리를 가진 황새는 먹을 수가 없었다. 황새 역시 호리병에 음식을 담아놓고 여우를 초대했다. 이번에는 혀로 핥아먹는 여우가 먹을 수 없었다.

상대에 대한 배려가 없으면 불신만 쌓인다. 국민행복을 원하는 정부가 내놓은 정책 메뉴가 황새 밥상에 접시, 혹은 여우 밥상에 호리병이라면 정부는 신뢰를 잃을 수밖에 없다.

03 노인은 없고, 경제만 있다면

노인 연령을 통상적으로 65세로 하고 있는데, 이것은 세계보건기구(WHO)의 기준이다. 오래 전 서구 사회를 기준으로 설정한 인위적 기준이다. 국가마다 노인의 기준이 65세로 동일하지는 않다(WHO, 2016). 60세도 있고 67세도 있다. 1875년 영국에서는 친사회법(Friendly Societies Act)이 제정된 적이 있는데 당시 노인 연령은 50세부터였다(Roebuck, 1979). 지금도 평균 수명이 낮은 나라에서는 55세를 노인 연령의 기준으로 하기도 한다.

통상적으로 우리나라의 노인 연령은 65세인데 이 나이를 70세로 상향 조정하자는 제안이 나왔다. 정책 당국자의 제안이 아니라 정책대상 인구를 이끄는 대표적 노인단체의 제안이라는 점에서 의미가 크다. 정책대상 집단은 대체로 요구하는 데 급급하고 양보하는 데는 인색한 것이 보통인데 스스로 기득권을 내려놓겠다는 의미여서 신선한 충격으로 다가온다. 우리 사회의 어른 모습을 보는 듯하여 짠한 느낌마저 든다. 청년단체에서도 환영한다고 밝혀 일자리를 두고 가끔씩 벌어지는 세대 간 갈등을 넘어 세대 간 화합의 모습도 나타나고 있다.

그런데 노인 연령을 70세로 상향 조정하면 변해야 할 노인정책이 한두 가지가 아니어서 걱정이다. 빈곤층과 저소득층을 중심으로 제공되는 특성을 가진 기초연금의 수령 시기가 현재 65세에서 70세로 조정될 수 있다. 지하철이나 박물관 등 공공시설 무료이용도 70세 이상의 노인에게만 적용하도록 하자는 요구가 잇따를 수 있다. 국민연금, 공무원연금, 사학연금, 군인연금 등 다양한 공적연금의 지급 시기도 70세로 하자는 의견이 나올 수도 있다. 노인 연령의 상향 조정으로 변해야 할 모든 정책은 하나같이 노인의 양보와 희생을 전제로 하기 때문에 난제가 아닐 수 없다.

경제협력개발기구(OECD)의 자료에 따르면, 한국의 노인 빈곤율이 50%에 이른다. 노인 연령 70세 상향 조정으로 노인복지 프로그램이 축소되거나 노인의 희생이 뒤따른다면 적지 않은 진통이 있을 것으로 보인다. 노인단체도 하나가 아니라 여러 개이고, 그중에는 반대하는 노인단체도 있어 이들의 요구 사항을 어떻게 수렴할 것인지에 대해서도 진지하게 고민할 필요가 있다. 그럼에도 불구하고 노인 연령 조정이 필요한 이유는 평균수명이 지속적으로 늘어나고 있으며, 100세 시대가 목전에 다가와 있기 때문이다.

노인 연령 70세 상향 조정의 안착을 위한다면 적어도 다음 몇 가지 전제 조건이 충족되어야 할 것으로 보인다. 첫째, 65세에서 70세 사이의 인구계층이 일할 수 있는 노동시장이 갖추어져야 한다. 현재 이 연령층을 위한 노동시장은 대부분이 경비나 주유 업무와 같은 단순노무직이다. 정규직이라기보다는 비정규직이 대부분이다. 임금피크제도 활성화되어 있지 않아 정년연장을 기대하기도 어렵다. 이 시장이 갖추어지면 노인 연령의 상향 조정을 통하여 노인복지와 경제의 선순환이 가능하지만 그렇지 않으면 노인의 희생으로 경제를 살리려 한다는 비판을 면하기 어렵다.

둘째, 노인 연령 70세는 정년 연령 70세와 맞물려야 한다. 현행 우리 사회의 정년 연령은 직종마다 다르다. 교수는 65세, 교사는 62세, 공무원은 60세가 정년이다. 이상의 직종은 65세에 가깝기라도 하지만 민간기업의 정년 연령은 60세에도 미치지 못한다. 정해 놓은 정년 연령은 60세라고 하더라도 실질 정년 연령은 길어야 50대 중반이다. 노인 연령이 70세가 되면 50대 중반부터 70세에 이르기까지 긴 세월을 연금도 없고, 일자리도 없는 고단하고 처절한 삶을 살 수밖에 없다. 정년 연령을 70세로 연장하지 않고 노인 연령만 70세로 상향 조정한다면 노인이 겪어야 할 희생이 너무나 크다.

셋째, 노인 연령 70세로 상향 조정 전에 종합적인 노인빈곤 해결 방안이 수립되어야 한다. 한국의 노인 빈곤율도 높지만, 정년 전 중산층이 정년 후에 빈곤층으로 하향 이동하는 비율이 지나치게 높다. 보험연구원의 연구보고서에 따르면, 은퇴 후 6년 내에 빈곤층으로 이동하는 중산층의 비율은 무려 52.9%에 이른다는 결과가 나왔다. 중산층 절반 이상이 은퇴 후 10년도 되지 않아 빈곤층이 된다는 의미이다. 이 하향 이동의 고리를 끊을 방안이 나오지 않는다면 노인 연령 70세는 노인 빈곤을 더욱더 심각하게 만들 수 있다.

고령화 사회에서의 노인정책은 가장 중요한 사회정책 중 하나이다. 사회정책에는 사람의 향기가 진하게 배어 있어야만 성공이 가능하다. 노인의 희생을 바탕으로 경제를 살린다는 노인정책은 설득력을 잃는다. 노인은 경제회생의 도구가 아니며, 그렇게 되어서도 안 되는 인구계층이기 때문이다.

노인정책의 중심에는 노인이 있어야 한다. 대표적 노인단체의 제안이라고 하더라도 그 제안에 노인은 없고, 경제만 있다면 그것은 노인정책이 아니다. 경제정책일 뿐이다.

04 대한민국에는 정치도 없고, 정책도 없다

정책과 정치의 본질은 다르다. 그러나 추구하는 지향점은 같다. 정책의 본질은 사회 전체를 위한 합리성 추구이고, 정치의 본질은 사회 그룹의 이해관계 조정이지만 최종 목표는 사회를 이롭게 하는 것이다 (Behn, 1981).

합리성 추구를 목표로 하는 정책 현장에서는 무엇이 옳고 틀렸는지를 논하며 사회를 이롭게 하는 선택을 하려 들고, 정치 현장에서는 어떤 그룹에게 어떤 파이를 잘라 줄 것인가를 논하며 사회를 이롭게 하는 방안을 선택하려 든다.

정책과 정치는 공동 목표를 가지고 있지만 가는 길은 다르다. 정책 현장에서는 선과 악의 편을 가른 후 선을 따라가고, 정치 현장에서는 선과 악의 설정을 꺼린다. 협상과 타협이 선과 악의 길을 대신한다. 정책이 가는 길이 직선이라면 정치의 길은 곡선이다. 정책이 가는 길이 빠른 길이라면 정치의 길은 느리다.

정책논리에 따라 뛰어도 되는데 정치논리로 애써 걷고 꾸불꾸불 도는 이유는 숙성이 필요하기 때문이다. 정치는 선(善)으로 포장된 정책을 숙성시키고, 파이를 얻지 못해 불만에 쌓인 그룹을 다독이는 역할을 한다. 이것이 정치가 존재하는 이유이다.

우리 사회에서 벌어지는 일련의 사건을 보면 정책도 없고, 정치도 없다. 정책은 옳고 그름에 대한 판단력을 잃어가고, 정치는 타협과 협상 의지를 잃은 것 같다. 돌이켜보면 우리 사회를 휩쓴 사건이 있다면 서해 북방한계선(NLL) 1라운드, 채동욱 혼외자녀 의혹, 기초연금 파동, NLL 2라운드, 우병우 사건 등이다. 모두 박근혜 정부에서 일어났다.

여기에서 그 성질을 따져보면 기초연금만 정책현상을 다룬 사건이고, 나머지 셋은 정책도, 정치도 아니었다. 잘 대처했으면 문제도 되지 않았는데 대응능력이 부족해서 발생한 말도 안 되는 일종의 사건들이었다.

지속 가능한 복지, 경제 살리기, 북한 핵무장이 만든 안보위기, 그리고 일본의 재무장에 따른 군사외교 위기 등 현안이 넘쳐나는데 NLL이 무대 위에 올랐다. NLL 게임은 1라운드에서 끝내야 했다. 사건 경위는 이렇다. 김무성 의원이 대선 전 부산 유세에서 노무현 전 대통령이 NLL 포기 발언을 했다며 말을 인용했다는 내용이다(조은진, 2016).

아무리 대통령이라고 해도 우리의 고유영토의 일부분을 포기하는 행위는 할 수 없다. 통치행위의 이름으로도 가능하지 않다. NLL은 대한민국의 고유 영해라는 사실을 국회 차원에서 재확인하는 절차를 거쳐야 했고, 사초 실종이 문제라면 법과 제도를 손질하여 재발 방지를 위해 노력하는 모습을 보여야 했다. 한 번으로 족할 일을 다시 갑론을박하다니, 정쟁은 있고 정치는 없었다.

채동욱 전 검찰총장의 혼외자녀 의혹 사건도 그렇다. 실증적 증거를 가지고 밝히면 되는 데도 진실 공방 드라마를 무대 위에 올리더니 사표 반려 게임까지 끌고나갔다. 관객의 입장에서 재미는 있었지만 정부와 정치권이 벌이는 게임치고 격조가 낮아도 너무 낮았다. 암시장

삼류 소설보다 더 유치하고 저속한 수준이었다. 젊은 학생들이 보고 들을세라 부끄러웠다. 그런데 당사자들은 사과는커녕 잘했다고 고개를 들고 다니는 현실을 정치 실종이라고 하는 것도 점잖은 말이 아닐까 싶다.

우병우 사건도 그렇다. 물러나지 않고 있는 이유가 실체적 진실이 먼저이기 때문이라는 말이 설득력이 있어 보이지는 않는다. 이유 여하를 막론하고 민정수석이라는 자리는 정의의 칼날을 세워야 하는 자리다. 시중에 떠도는 말을 들으면 이미 정의의 칼날을 세우기가 어려운 상황이다. 경찰청장 임명 제청 과정에서 음주운전의 도덕적 결함을 놓치는 우를 범했다. 정치는 협상과 타협이기에 신뢰를 잃은 경우 비록 하자가 없다고 해도 물러나는 것이 옳은 일이다. 그래서 대한민국에는 정치가 없다.

기초연금 공약 관련 설전은 그래도 의미가 있었다. 머지않아 고령 사회를 거쳐 초고령 사회가 될 우리의 미래를 설계하는 정책이 기초연금을 포함한 국민연금 정책이기 때문이다. 그러나 정부에서 제시한 국민연금과 기초연금의 연계안에 대한 여야 및 청와대의 공방 수준은 놀라움 그 자체였다. 대통령 스스로 기초연금은 지속 가능하지 않다는 점을 지적해 놓고서 확대 의지를 천명하다니 앞뒤가 맞지 않았다. 지속 가능하지 않다면 줄여야 바른 선택이다.

기초연금에 대한 야당의 대응도 문제였다. 확대가 어렵다는 정부와 청와대를 향해 공약 파기라고 말하는 것은 설득력이 약하다. 스스로 노후 보장이 가능한 노인에게 기초연금을 지급할 이유가 없기 때문이다. 이것을 공약 파기라고 모는 것은 비판치고 너무 옹색하다. 연금에 관한 한 노인 빈곤 해결과 더불어 지속 가능성 및 재정 건전성이 중요한 정책판단의 기준이다. 그렇지 않으면 연금재정 적자의 누적으로 국가부도 위기를 맞은 그리스가 미래의 대한민국일 수도 있기 때문이다.

행정부 수반으로서 대통령은 합리적 관점에서 정책이 추진될 수 있도록 지원해야 한다. 정책현상을 정치현상으로 해석하지 말도록 버팀목 역할을 할 수 있어야 한다. 역으로, 정책현상을 정치현상으로 해석하여 정쟁을 일삼으면 정부가 공정하지 않다는 비판을 받는다.

이같은 일이 지속되면 나라가 위기에 빠질 수 있다. 지금 우리는 외적으로는 북한의 핵개발과 일본의 재무장, 내적으로는 경제위기와 복지위기가 복합적으로 얽혀 있다. 정책과 정치를 복원하지 않으면 정부의 불공정과 정부불신으로 끝나지 않는다. 참혹한 위기를 맞을 수도 있다.

참고문헌

Behn, R.(1981). Policy Analysis and Policy Politics, *Policy Analysis*, 7(2): 199–226.

Roebuck, J.(1979). When Does Older Age Begin? The Evolution of the English Definition. Journal of Social History, 12(3): 416–428.

WHO(2016). Definition of an Older or Elderly Person. <http://www.who.int/healthinfo/survey/ageingdefnolder/en/>.

Wilson, W.(1887). The Study of Administration. *Political Science Quarterly*, 2(2): 197–222.

제 7 장

시민과 기업은 적일까, 동지일까

01 시민과 기업은 적일까, 동지일까

시민과 기업은 적일까, 동지일까? 사회발전을 위해 답이 필요하다. 자본주의는 자본이 주인 역할을 하는 사상일까? 구석구석 살피지 않아도 한국 사회는 자본이 주인임을 알 수 있다. 자본의 힘이 미치지 않는 곳이 없다. 정치권력을 물려주면 세습으로 비판받지만, 자본을 물려주면 오너 경영의 당위성으로 포장된다. 오너는 수천억 원의 회사돈을 횡령하고도 국민경제에 악영향을 초래할 수 있다는 이유로 불구속 기소되는 게 관행처럼 되어 있다. 그런 다음에는 기부를 약속하고 면죄부를 받고 풀려난다. 불행하게도 이게 한국적 자본주의이다.

한국에서는 재벌기업의 친가, 외가, 처가를 가리지 않고 2세, 3세까지 골목상권을 점령해도 시민들은 막을 방법이 없다. 거대한 자본의 힘을 가진 기업이 시민사회의 영역을 잠식하는 데도 말이다. 대통령과 정치권이 나섰는데 겨우 빵가게, 순대, 청국장 등 사업 확장을 하려다 주춤하는 모습을 보였을 뿐이다. 더불어 재벌을 향한 시민의 반감은 깊어 간다. 그 증거가 기업호감지수 조사 결과이다.

높지도 않은 기업호감지수가 해가 갈수록 점점 더 나빠지고 있다(대한상공인회의소 · 현대경제연구원, 2014). 2011년에는 100점 만점에서 평균은 50.8이었다. 2014년에는 44.75에 불과했다. 항목별로 보면 국제경쟁력은 82.8점으로 가장 높고, 생산성 향상은 66.6점으로 다음이었다. 기업의 국가경제 기여는 반신반의 수준인 50.9점이 나왔다. 사회적 책임은 낙제점이었다. 기업의 사회공헌 활동은 37.0점, 윤리경영 실천은 23.0점이었다.

현장의 목소리도 다르지 않다. 얼마 전 스마트폰 구입을 위해 전자상가를 찾았다. 가게 주인은 애플과 삼성 제품을 가지고 고민하는 고객에게 이렇게 물었다. 국내기업이 미워서 외국산을 사려느냐고? 의아한 표정으로 쳐다보자 국내기업이 밉다고 외국산 스마트폰을 사는 사람도 많다는 말을 전해 주었다. 시민들의 마음이 기업에서 떠난다는 증거이다. 무서운 이야기다.

월가 점령(Occupy Wall Street) 시위의 발원지이지만 자본주의 산실인 미국 기업은 한국과 다르다. 미국에서 살다 온 한 친구의 경험담이다. 그는 뜻하지 않은 입원진료 후 거액의 의료비를 감당할 수 없어 병원 사회복지사를 찾았다. 이야기를 다 들은 그는 친구를 자료실로 안내해 책 한 권을 집어 들었다. "미국 기업은 돈을 벌면 어려운 사람을 위해 재단을 설립합니다. 누구에게나 위기가 닥칠 수 있지요. 백과사전 한 질 정도의 이 책에 재단 명단이 수록되어 있어요. 이렇게 많은 재단이 당신을 기다리고 있어요. 걱정 마세요." 친구는 몇몇 재단의 도움으로 10만 달러에 이르는 거액의 의료비를 해결할 수 있었다. 참으로 부러운 이야기다.

미국 기업은 돈을 벌면 재단을 설립한다. 우리의 일부 기업처럼 돈을 숨기기 위한 목적이 아니라 사회에 공헌하기 위해서다. 미국 기업가의 재단설립이라면 빌 게이츠(B. Gates)를 떠올리지만 작은 기업도 동참한다. 재단의 종류도 무수히 많다. 심장재단, 조산아재단, 장학재단, 아프리카재단 등등. 미국 기업의 친시민 정책은 재단설립이며, 재단을 기반으로 시민과 친구가 된다. 그래서 기업가는 존경받는다. 한국 기업은 돈을 벌면 정치권과 손잡을 비자금 만드는 것과 사뭇 다른 풍토다. 미국 기업은 한 업종에 집중하지만 한국 기업은 수단과 방법을 가리지 않고 사업을 확장한다.

마르크스(K. Marx)는 자본주의의 위기 징후를 네 가지로 꼽았다(Soros, 1998). 성장 둔화와 경기침체의 장기화, 금융자본의 수익률 저하와 금융위기 출현, 불평등의 심화, 그리고 종국적으로는 자본주의가 성장에 걸림돌이 되는 것이다. 우리에게 이 네 가지 현상이 나타난다. 저성장 추세로서 경제성장률은 3.0% 아래로 떨어졌다. 금융위기가 언제 닥칠지 아슬아슬하다. 양극화가 더 어울릴 정도로 불평등이 심각하다. 열심히 일해도 부자가 될 수 없다는 생각이 팽배해 있다.

이상 네 가지 모두 자본주의를 부정하는 현상과 다름없다. 모두 반기업 정서의 우회적 표현이자 시민과 기업이 소통하지 않고 멀어지게 되는 이유다. 우리 사회는 이처럼 심각한 위기에 직면해 있다.

건전한 자본주의는 시민의 노동력과 기업의 일자리 교환이라는 수평적 관계를 전제로 한다. 이윤창출의 결실을 기업이 독식하지도 않는다. 더 많은 이윤을 위해 기업이 시민의 생존영역까지 손길을 뻗지도 않는다. 과거 이 양자는 친구였지만 이제 재벌이 골목상권을 위협하는 상황에서 시민은 기업을 친구로 여기지 않는다.

시민과 기업이 적으로 등을 돌리면 그 사회는 끝장이다. 기업의 통렬한 자기반성을 행동으로 보여 줘야 한다. 늦기 전에 서둘러야 할 일이다.

02 하우스 푸어 대책의 주체는 금융권이다

사회문제는 무수히 많지만 국가가 정책도구를 통하여 해결하는 문제는 일부분이다. 시간이 지나면 저절로 해결되는 문제도 있고, 해결하려고 정부가 개입하는 순간 문제가 더 커지는 경우도 있다. 또한 자본주의 사회이기 때문에 기업이 스스로 만든 문제는 기업이 해결하는 것이 맞다. 여기까지 국민의 세금을 쓸 필요가 없기 때문이다.

"하우스 푸어는 이자에 울고, 세금폭탄에 절규한다." 2008년 입주를 시작한 강남 3구 중 한 대형 아파트 단지에 걸렸던 현수막의 내용이었다. 하우스 푸어(house poor)는 직역하면 내 집을 가진 빈곤층이다. 은행에 빚을 내 집을 샀지만 주택가격 하락으로 대출금 상환이 어려워 생계에 곤란을 겪는 사람들을 지칭한다.

현대경제연구원이 추정한 하우스 푸어는 100~150만 가구이지만 주택가격 하락이 계속되면 더 늘어날 수도 있다(현대경제연구원, 2011)고 주장한다. 이들은 대출 원리금 상환과 생활비를 감당할 수 없어 카드 돌려막기도 하고, 신용불량자로 전락할 위기에 처해 있다니 안타까운 일이다.

하우스 푸어 대책으로 새누리당은 정부 차원의 '세일 앤드 리스백(sale and leaseback)' 도입을 검토했고, 우리금융은 독자적 도입을 추진하고 있다. 이 제도는 정부나 은행이 빚을 갚기 어려운 사람들의 집을 사 집 주인에게 임대하고, 사정이 좋아지면 몇 년 후 다시 살 수 있는 권리를 주는 방안이다. 미국의 한 은행에서 시행한 유사 제도를 벤치마킹하려는 것으로 보인다.

하우스 푸어에 대한 정부 당국의 고충과 여려움을 겪고 있는 사람들의 고통을 모르는 바 아니지만 신중한 접근이 필요하다. 미국과 한국의 주택시장 구조가 다르고, 미국의 금융권에서도 주택을 사 원소유주에게 임대를 주는 것은 한때 금지해 왔던 사항이기 때문이다. 또한, 미국과 한국의 주택구매 방식도 다르다는 이유도 있다.

한국과 달리 미국에서는 주택을 목돈으로 사지 않고 모기지(mortgage)를 활용한다. 주택가격 10% 수준의 돈만 있어도 30년 정도의 분할지급 조건으로 구입이 가능하다. 월부로 집을 사 매달 원리금을 지불한 후 약정기간이 끝나면 개인 소유가 된다. 사정이 어려우면 팔 수도 있고, 이자가 비싸면 조건이 좋은 은행으로 갈아탈 수도 있다. 주택가격이 올라 돈을 벌든, 가격이 떨어져 돈을 잃든 그 경제행위를 한 사람의 책임이다.

2008년 미국의 경제위기 당시 집을 잃고 거리로 내몰린 사람들은 모기지로 주택을 구입한 사람들의 잘못만이 아니었다. 모기지는 미국의 주택거래 관행이기에 문제 삼을 수가 없다. 문제는 월가(Wall Street)의 탐욕스런 금융자본이 만들어낸 거대한 실직 태풍이었다. 당시 미국에서는 실직으로 매월 원리금을 내지 못해 모기지 은행으로부터 집을 회수당한 사람들이 폭증하자 정부에서 대책을 세우지 않을 수 없는 상황이었다.

우리의 하우스 푸어는 무리한 수준의 대출을 받아 주택을 구입한 것이 문제이다. 한푼두푼 모아 간신히 집을 마련한 생계형 주택구입자도 있겠지만 투자형 주택구입자가 많은 것이 현실이다. 생계형 하우스 푸어는 혹시 모르지만 투자형 하우스 푸어는 국가정책의 대상이 될 수 없다. 더 많은 돈을 벌겠다고 투자를 한 것이었는데 실패에 대한 보상을 국가가 할 수는 없는 것이다.

경쟁이 본질인 자본주의 사회에서 투자의 실수로 빚어지는 책임은 개인에게 있지 국가에 있는 것은 아니다. 문제가 발생하면 은행과 대출을 받은 당사자가 새로운 약정으로 해결을 할 수는 있다. 그것이 원칙이다. 국가가 공적자금을 조성하여 해결책을 마련해야 할 대상은 아니란 뜻이다. 공적자금은 국민의 혈세로 조성된 자금이기 때문이다.

하우스 푸어 대책에 다음 몇 가지 원칙은 지켜져야 한다. 첫째, 대출을 약정한 당사자가 그 해결 주체로 나서야 한다. 금리를 깎든, 상환기간을 연장하든 양 당사자 사이에서 이루어져야 한다. '세일 앤드 리스백'에서도 그 주택을 다시 살 수 있는 권리를 주든 그렇게 하지 않든 양 당사자의 약정에 따라 처리하게 하면 된다. 둘째, 하우스 푸어의 대책으로부터 손해 볼 일이 있다면 계약 주체인 은행과 개인이 봐야 한다. 다만 이 경우, 은행이 감수해야 할 일이 더 많아야 한다. 지금까지 주택담보대출로 이윤을 남긴 쪽은 은행이기 때문이다.

끝으로, 금융권은 혁신을 바탕으로 하우스 푸어 대책을 내놓아야 한다. 금융권 개혁은 아직 미완성이다. 과거에는 구조조정이 중심이었다면, 이제는 미국의 도드-프랭크 금융개혁법(Dodd-Frank Rule)에서처럼 임원의 연봉 개혁도 필요하다. 이 법은 과다한 CEO 연봉에 대한 조정을 요구하고 있다. 우리도 금융권 CEO 연봉은 지나친 감이 있다.

2011년 삼성생명 등기임원 1인당 평균연봉은 48억 4,500만 원, 미래에셋증권은 21억 1,100만 원, 그리고 씨티은행은 8억 1,300만 원이었다. 국책은행인 산업은행지주 회장도 5억여 원 정도였다. 2016년 상반기 급여만 보면 신한금융그룹 회장의 연봉은 12억 500만 원, 현대해상 회장은 11억 8,100만 원, 현대카드 부회장은 10억 9,500만 원, 하나금융지주 회장은 9억 7,800만 원을 받았다(김아연, 2016). 반 년만에 번 돈이 이 정도다.

어마어마한 연봉을 받는 CEO의 연봉은 그대로이고, 금융권의 희생자들인 하우스 푸어의 대책은 정부에서 세운다면 논리적으로도 맞지 않다. 금융권은 하우스 푸어의 절규를 자성의 기회로 삼아야 한다. 스스로 뼈를 깎는 희생이 있어야 대책을 내놓아도 모두가 공감할 수 있는 것이다.

03 복지 포퓰리즘이 사회갈등 부추긴다

복지정책은 삶의 향기가 묻어 있는 정책이다. 남용하지 않는다면 어렵게 살아가는 사람들에게 힘과 용기를 주기 때문이다. 또한, 빈부격차가 심화되어 사회갈등이 나타나면 이를 해소를 위한 정책도구로도 활용된다. 건강한 사회를 유지하는 정화제 역할을 복지정책은 하고 있다.

그러나 잘못 사용하면 오히려 사회갈등을 부추긴다. 특히, 포퓰리즘(populism) 방식으로 복지를 운용하면 복지도 망치고, 경제도 망친다. 사회갈등도 극단으로 치달을 수 있다. 과거 정부에서도 있긴 하였으나, 박근혜 정부에서 국민행복이라는 이름으로 추진되는 복지정책에서 복지 포퓰리즘 현상이 심상치 않다.

정치적 판단을 보류하면 포퓰리즘은 선택과 집중의 혼돈에서 비롯된다. 선택과 집중이란 복지급여나 서비스를 받아야 할 그룹에 집중적으로 제공하고, 국가나 사회의 도움이 필요 없는 사람들을 위한 복지는 최소한에 그쳐야 한다는 뜻이다. 그래야 힘겹게 살아가는 사람에게는 희망을, 중산층 이상에게는 무거운 세금 부담을 덜어 줄 수 있다. 물론 예산 절약도 가능하다.

복지 포퓰리즘은 보편주의 복지의 무리한 적용에서 비롯된다. 기초연금이 그 예이다. 기초연금은 그 대상이 국민연금의 사각지대에 놓인 빈곤층과 저소득층이어야 한다. 국민연금에 가입하려 해도 소득수준이 낮아 가입조차 할 수 없는 평생 빈곤층이 1차 대상이다. 이들에게는 최저생계비에 준하는 급여가 지급되어야 한다. 국민연금 가입자로서 급여를 받아도 최저생계비 감당이 어려운 사람들이 2차 대상이다. 이들에게 기초연금은 보충적 급여로서의 의미가 있다.

나머지 소득계층에게는 국민연금을 바로 세우는 방식으로 문제 해결을 시도해야 한다. 국민연금 실패를 기초연금으로 해결하려 하다가는 국민연금도 망치고 기초연금도 망친다. 정부는 매년 6월 국민연금의 보험료와 연금 급여를 산출하는 기준소득월액의 상한액과 하한액을 조정한다. 몇 달 전 발표에 의하면, 2017년에는 상한액 421만 원, 하한액 27만 원으로 전년도에서 변동이 없다고 발표했다.

고용노동부 자료를 보면, 5인 이상 사업장 근로자의 평균월급은 316만 8,000원이고, 300인 이상 사업장 근로자의 평균월급은 488만 원이다. 국민연금의 최고 기준소득월액 421만 원은 300인 이상 대기업 근로자의 평균월급에도 미치지 못한다. 한 회사의 반 이상이 고소득자로 분류되어 같은 수준의 연금 보험료를 내야 하는데 이것은 정상이 아니다. 대리, 과장, 부장, 이사, 그리고 사장의 월급도 다르고 세금도 다른데 연금 보험료만 같은 현실을 무엇으로 설명할지 답을 찾을 수 없다.

박근혜 정부에서처럼 가능한 모든 인구를 포함해 기초연금을 제공하려는 발상은 국민연금의 정책실패를 기초연금에 전가하여 해결하려는 접근법이다. 국민행복연금위원회가 소득 상위 20~30% 노인은 제외하고, 급여도 소득수준에 따라 차등 적용하는 쪽으로 가닥을 잡은 것은 바른 선택이다. 공약 이행을 명분으로 소득 하위 70~80%를 기초연금 대상으로 고수하고자 한다면 빈곤층과 저소득층에게는 급여수준을 더 높이고, 나머지 대상에게는 급여수준을 낮추는 접근이 필요하다.

무상보육과 무상급식도 무리하게 보편주의를 적용한 정책이다. 무상보육 예산은 국비와 지방비로 충당한다. 최근 예산부담이 늘어나자 지방정부는 중앙정부에 더 많은 예산부담을 요구하고 있고, 중앙정부는 버티고 있다.

서울, 인천, 경기 등 수도권 시·도지사는 국고보조율을 서울은 20%에서 40%로, 그 외 지역은 50%에서 70%로 늘려줄 것을 촉구했다. 서울의 구청장협의회에서도 국고보조를 늘려줄 것을 중앙정부에 요구하고 있다. 사회갈등이 정부 간 갈등으로 번지는 이 같은 현상도 복지 포퓰리즘의 결과다. 무상급식도 재정부담의 주체인 시·도 교육청, 광역자치단체, 그리고 기초자치단체 간 갈등의 조짐이 보인다.

최근 한 여당 정치인이 "온 나라가 공짜 물결"이라는 발언을 한 것으로 보도된 바 있다. 복지 포퓰리즘은 외상으로 값비싼 외식을 하는 것과 다를 바 없다. 외상은 공짜가 아니다. 외상으로 맛있는 음식을 먹을 때는 좋지만 빚 독촉을 받는 그날이 바로 파산으로 이어지는 날이다. 국가 경영도 마찬가지다.

04 중산층을 살려야 사회갈등 해소된다

마르크스(K. Mark)는 자본주의가 발전하면 빈부격차가 심화되고 계급투쟁이 일어나 사회혁명의 도화선이 된다고 주장했다. 대공황에서 허덕이던 1930년 전후 당시의 경제 현실을 보고 사회주의자들은 쾌재를 불렀다. 자본주의의 붕괴와 사회주의의 도래를 전망했다. 그러나 대규모 공공사업과 사회보장이라는 두 축을 가진 케인스(J. M. Keynes)의 재정정책이 실현되자 자본주의는 자정력을 갖추었고, 사회주의는 도래하지 않았다.

대한민국은 위기를 맞고 있다. 빈부격차가 심화되어 양극화 사회로 묘사된지 오래되었고, 보수와 진보갈등의 골도 깊어만 간다. 중산층 붕괴에 대한 경고의 메시지 또한 심상치 않다. 정책마다 갈등이 촉발되고, 갈등이 일어나면 극한으로 치닫는다. 반값 등록금, 서울시 무상급식, 한진중공업 사태가 대표적 사례이다.

중산층의 정의 방법은 다양하다. 경제협력개발기구(OECD)는 소득순으로 나열하면 중위소득의 50~150% 내 가구를 중산층으로 규정한다. 소득을 기준으로 10등급으로 분류할 때 아래에서 세 번째에 속하는 3분위에서 위에서 세 번째에 속하는 8분위까지가 중산층이다. 한국의 중산층 비중은 1997년 73.6%에서 2008년 63.2%로 추락했다. 중산층의 소득증가 폭은 다른 계층에 비해 상대적으로 작아 그 층이 더 얇아

질 전망이다.

10여 년 전인 1999년, 소득이 가장 많은 계층인 10분위의 소득은 전년보다 6.2% 늘었으나 2분위에서 9분위까지의 소득증가율은 이보다 낮은 2.2~4.3%에 그쳤다. 2000년에도 그 추세는 변하지 않았다. 2001년에는 10분위의 소득이 전년보다 9.9% 늘었으나, 중산층이 포함된 2분위에서부터 7분위까지는 이보다 낮은 8.5~9.7%에 불과했다.

중산층의 상대적 소득감소 추세는 김대중 정부 말기에서 노무현 정부 초기까지 완화되다가 노무현 정부 말기 다시 심화되기 시작했다. 2006년에는 10분위의 소득이 전년보다 5.9% 많아졌으나 3~6분위는 5.2~5.8% 증가에 그쳤다. 2007년에는 10분위의 소득이 전년보다 8.8% 증가했으나 나머지 9개 분위는 5.3~7.2%에 불과했다. 2008년에는 10분위 소득이 전년보다 6.0% 증가했지만 나머지 9개 분위는 4.8~5.9% 증가에 그쳤다.

저소득층과 중산층은 더 가난해지고 부자는 더 부자가 되는 현상이 10년 넘게 지속되어온 현실을 보여주는 통계이자 중산층이 무너지고 있다는 증거이기도 하다. 중산층의 소득이 상대적으로 줄면 저소득층으로 전락하거나 그 경계선상으로 밀려나는 가구가 늘어난다. 그래서 앞으로 중산층이 더 줄어들 가능성이 크다.

중산층에 관한 현 정부의 2009~2010년 성적표는 명암이 엇갈린다. 전 가구를 대상으로 할 경우, 2년 간 중산층에 해당되는 3~8분위의 소득증가율은 상위 9~10분위의 소득증가율보다 높았다. 도시근로자를 대상으로 하면 2009년에 10분위의 소득증가율은 나머지 9개 분위보다 높았고, 2010년에는 반대였다. 중산층에 대한 정책결과가 과거 10년에 비해 나빠지지는 않았지만 그렇다고 개선된 모습은 찾을 수 없었다.

전국경제인연합회는 한국의 사회갈등비용이 국내총생산(GDP)의 25%이며, 갈등지수는 세계 네 번째로 높다고 주장한다. 공감하지만 처방에는 동의할 수 없다. 법치주의 확립, 정책결정 효율화, 신뢰사회 구축, 유연한 시민의식과 열린 문화 정착, 시장경제의식 제고, 사회갈등 관리 강화, 국제사회 리더십 강화 등을 처방책으로 제시했다. 이 중에서 가진 자가 양보하고 중산층을 지원하는 스스로의 역할은 하나도 없다. 모두 "네 탓이며, 네가 먼저"를 주문하는 과제이다. 이런 인식은 갈등만 부추길 뿐이다.

중산층은 사회통합과 유지의 중심축이다. 빈부격차로 갈등이 유발되면 완충 역할을 하는 계층이다. 이 계층이 취약하면 완충 역할은커녕 갈등의 주체로 나서기도 한다. 그래서 갈등이 심화된다. 중산층 복원정책이 시급하다. 비정규직 같은 노동구조 개편과 세제 개편 등 가시적, 정책적 처방이 없으면 사회 혼란으로 이어질 가능성을 배제할 수 없다.

05 이제, 기업이 답할 차례이다

정부, 기업, 시민사회는 나라를 움직이는 세 축이다. 살기 좋은 나라는 세 축이 상호 존중하고, 살기 어려운 나라는 서로 반목한다. 기업은 산업을 일으켜 일자리를 만들고 시민사회가 부를 축적하게 하며, 정부는 기업과 시민사회의 건전한 질서 유지를 담당한다. 세 축의 중심에는 시민사회가 있어서 정부와 기업이 바른길을 가도록 길잡이 역할을 한다.

정부와 기업이 시민사회를 경시해 선동이 난무하면 나라의 균형은 깨진다. 믿을 수 없는 정부, 배신의 기업이 판을 치는 사회로 변질된다. 최근 삼성물산과 제일모직의 합병 과정을 보면서 기업과 시민사회의 협력이 얼마나 중요한지 새삼 느낄 수 있었다. 한국의 대표적 기업 중 하나인 삼성이 양 사의 합병을 시도했으나 미국계 헤지펀드 엘리엇 매니지먼트(Elliot Management)가 제동을 걸었다. 삼성의 입장에서는 우호 지분이 충분하지 못하면 통합이 무산될 수 있는 위기 상황이었다. 모두 동의하지는 않겠지만 삼성이 메르스(MERS) 사태로 많은 신망을 잃었음에도 위기의 삼성을 구한 우군은 우리 시민사회였다.

삼성그룹의 양 사 통합 성공의 결정적 우호 지분은 국민연금이 11.21%였다. 가정이기는 하지만 시민사회 여론이 통합 반대였다면 국민연금은 삼성의 손을 들어 주지 못했을 것이다. 국민연금의 주인은 시민이고, 주인의 뜻에 반하는 일을 하기란 쉬운 일이 아니기 때문이다. 베팅에 실패하면 손해를 볼 수 있는 데도 미국계 자본이 한국의 대표적 기업을 흔든다는 한국인 특유의 '애국심'이 국민연금의 통합 찬성 결론을 이끄는 동력이 되지 않았을까?

양 사의 통합으로 국민연금이 얻은 혜택은 없었다. 오히려 삼성물산의 주가 하락으로 국민연금은 손해만 입었다. 수혜자는 삼성그룹의 사실상 후계자인 이재용 삼성전자 부회장이었다. 제일모직과 통합한 새로운 삼성물산이 출범하면 이 부회장의 지배력이 강화되기 때문이다. 합병으로 삼성이 새로운 성장 동력을 얻고, 성장이 고용 창출로 이어져 더 많은 사람이 일자리를 얻게 되면 시민사회도 수혜자가 되겠지만 이것은 먼 훗날의 이야기다.

외국계 회사의 기업 사냥 시도는 이제 시작에 불과하다. 금융시장이 발달한 미국에서는 기업의 주인이 바뀌는 일이 자연스런 현상이지만 한국은 다르다. '나'보다 '우리'를 강조하는 습속 때문에 한국인은 대표적 기업을 '우리' 기업으로 여긴다. 이런 문화권에서 기업이 신망을 잃으면 시민은 언제든 기업의 적으로 변할 수 있다. 기업도 그들의 힘만으로는 공격적 인수합병의 방어가 어렵다. 시민사회라는 우군과 힘을 합쳐야 자신을 지킬 수 있다.

삼성을 포함한 우리 기업은 국민의 과분한 성원을 입고 성장했다. 기업은 그 보답으로 대한민국 경제 성장의 첨병 역할을 했지만 그것만으로는 부족하다. 기업의 일가친척은 혈연이라는 이유로 막대한 부를 물려받았지만 산업 현장에서 평생을 바친 근로자의 자녀들은 청년 실업의 유산을 물려받을 수밖에 없는 현실이 우리의 현주소다. 통계청에 따르면, 2015년 6월 기준 청년실업률은 10.2%로 외환위기 직후인 1999년 이후 최고 수준이다. 이 결과를 놓고 보면 기업은 이득을 챙겼고, 시민사회는 손해를 보았다.

대기업과 중소기업, 정규직과 비정규직 사이의 임금 격차도 크게 벌어졌다. 고임금을 받는 상위 10%의 임금과 저임금을 받는 하위 10%의 임금 배율은 4.7배다. 하위 10%의 임금이 100만 원이면, 상위 10%의 임금은 470만 원이라는 뜻이다. 이 임금불평등 배율은 남유럽 국가 스페인의 3.1배, 이탈리아의 2.3배보다 높다. 겨우 구직은 했으나 정규직이 아니라 비정규직이어서 결혼해 가정을 일굴 꿈조차 꾸지 못하는 청년들이 즐비한 것이 오늘의 한국이다.

편법 승계라는 말로 기업을 질타하고 싶은 생각은 없다. 기업을 향해 사회적 책임을 다하라고 압박하고 싶지도 않다. 다만, 기업도 도움을 받았으면 보답을 해야 한다는 도리를 말하고 싶다. 기업 자신을 위해서라도 일자리 창출, 비정규직 문제 해결, 임금불평등 해소 등 산적한 노동시장 문제 해결에 앞장서야 하고, 시민사회와의 신뢰 회복에 나서야 한다. 이제 기업이 답할 차례다.

참고문헌

김아연(2016). 한동우 신한금융 회장, 상반기 보수 12억…금융권 연봉킹 등극. 뉴스웨이. 8월 16일.

대한상공인회의소·현대경제연구원(2014). 2014 상반기 기업호감지수(CRI) 보고서.

현대경제연구원(2011). 잠재성장률 2%p 제고"를 위한 경제주평: 하우스 푸어의 구조적 특성-"수도권 아파트 가진 30~40대 중산층"에 많다. 『한국경제주평』, 446: 1-18.

Soros, George(1998). The Crisis of Global Capitalism: Open Society Endangered. New York: Public Affairs.

제 8 장

복지와 경제는 하나다

01 복지와 경제는 하나다

자본주의의 출발점은 경쟁이다. 경쟁을 통해 이윤을 창출하고, 창출된 이윤이 재투자되어 사회도 함께 부강해지는 경로를 따르기 때문이다. 경쟁을 하면 승자만이 아니라 패자도 더불어 강해지는 특성이 있다. 이것이 자본주의의 장점이다. 그래서 정부는 경쟁을 공정하게 관리해야 하며, 공정한 경쟁에 위기가 닥치면 이를 완화하거나 제거할 의무가 있다. 공정한 경쟁을 바탕으로 사회구조의 체력 강화를 관리해야 하기 때문이다.

자본주의 사회에서 복지는 분배를 의미하지만, 그 목적은 단순한 분배가 아니다. 복지는 자본주의의 자체모순으로 초래되는 경쟁의 위기를 예방하기 위한 장치이기도 하다. 이 자체모순이란 경쟁이 계속되면 특정인이나 그룹이 계속해서 경쟁에서 이기고, 경쟁에서 밀려난 자는 경쟁 여력을 상실하는 상황을 의미한다. 경쟁의 기회를 상실하는 사람이 속출하면 경쟁시장의 규모가 줄어든다. 그리고 줄어든 만큼 자본주의 체력은 약화될 수밖에 없다.

자본주의가 발전하면 부가 한쪽으로 쏠리게 마련이다. 적당히 쏠리면 대체로 경쟁에서 이기기 위해 자기 노력을 강화한다. 그래도 부의 쏠림 현상이 가속화되면 정부는 복지라는 정책수단으로 이를 완화하고, 경쟁 유지에 힘을 쏟아야 한다. 정부는 경쟁 기회의 상실로 인한 자본주의 체력 약화를 예방해야 하기 때문이다. 이 경우, 복지는 건전한 경쟁 유지 수단이지 시장경제의 걸림돌은 아니다. 우리는 이것을 복지와 경제의 선순환 관계라고 한다.

대한민국은 자본주의 국가이지만 사회현상을 자세히 살펴보면 공정 경쟁이 보장되는 자본주의 사회인가를 의심하게 하는 요소가 많다.

첫째, 재벌기업의 경제력 집중도가 그 하나이다. 공정거래위원회가 발표한 상위 50대 기업의 경제력 집중도는 심각하다. 2003년 35.1%였으나 5년 후인 2008년에는 44.7%로 치솟았다. 2013년 현재 45.2%이다. 국내에서 생산된 물건 20개 중 절반이 상위 50대 기업에서 만든다는 의미이다. 삼성그룹의 2010년 매출액은 260조 원으로 한국 국내총생산(GDP)의 22%를 차지할 정도이다.

경제개혁연구소의 2014년 자료를 보면, 우리나라 경제에서 전체 개벌그룹이 차지하는 국내총생산(GDP) 비중은 2001년 46.0%에서 2012년에는 57.4%로 증가했다. 대한민국의 절반 이상을 재벌기업이 차지하고 있다. 30대 총수 있는 재벌의 경우 2001년 34.2%에서 2012년 46.1%까지 치솟았다(위평량, 2014). 이를 두고 "재벌 공화국"이라고 비아냥거려도 할 말이 없을 정도다.

재벌에 경제력 집중이 지나치면 기술로 홀로 서려는 중소기업은 설 땅을 잃는다. 공정경쟁의 틀이 쉽게 깨질 수 있기 때문이다. 이 경우, 분배, 즉 집중력 완화 장치가 필수적이다. 중소기업도 바람직한 수익모델이 있으면 성장 가능한 지원정책을 마련해줘야 한다. 그래야 경쟁이 유지되고 중소기업이 산다. 장기적으로는 재벌기업도 함께 사는 길이다. 이것은 순수한 경제정책이 아니라 경제지평을 더 크게 넓혀

나가는 일종의 복지정책이다.

둘째, 소득격차가 점점 벌어지고 있다. 소득 10분위별 가구주 월평균 소득을 보면 실감할 수 있다. 상위 10%의 소득을 하위 10%의 소득으로 나누어 계산하는 10분위 배율을 보면 2003년에는 13.9배, 2006년에는 14.4배였다. 그리고 2008년에는 하위 10%의 월평균 소득이 54만 2,586원, 상위 10%가 874만 9,440원으로 16.1배로 늘어났다. 이 10분위 배율이 1990년대에는 10배가 넘지 않았다. 소득 10분위별 월평균 실질 가계소득을 기준으로 할 때 가장 최근 연도인 2013년의 배율은 20.7배에 이른다. 하위 10%의 평균은 37만 2,000원인데 비해 상위 10%의 소득은 771만 3,000원이었다.

오래 전부터 이를 양극화 현상이라고 지적해 왔다. 양극화 상황에서 복지라는 정책수단 활용을 게을리 하면 경쟁은 치명상을 입는다. 경쟁에서 뒤진 자 중에서 아무리 노력해도 부자가 되는 길은 요원하다며 포기하는 자가 속출한다. 이런 상황에서 복지 확대는 저소득층에게 경쟁에 뛰어들 희망을 준다. 그래서 복지가 경제를 살린다. 복지는 낭비가 아니라 자본주의의 경쟁관리 수단이 된다(허만형, 1998).

우리나라 재벌기업의 경제력 집중이 심화되고 있고, 사회구성원의 빈부격차가 심각한 데도 자본주의 유지를 위한 정부의 경쟁관리는 너무나 안일하다. 복지비 지출은 GDP 대비 10.4%, 국가예산 대비 26.4%로서 34개 경제협력개발기구(OECD) 국가 중 최하위 수준이다. 연금급여 지출은 GDP의 1.7%로 OECD 국가 중 멕시코보다 한 단계 높은 33위이다(OECD, 2014). 한국의 빈곤율은 15%로 OECD 국가 중 28위이다. 빈곤율은 15%인데 기초생활수급자가 3.5%이면 나머지 11.5%는 복지 사각지대에 놓인다.

취약계층을 지원하는 정책도 제대로 집행되지 않고 있다. 장애인 의무고용률은 공공기관 3%, 민간 2%이지만 이 목표가 지켜지지 않고 있다. 양육비, 교육비, 아동수당, 양육휴가비 등을 포함하는 가족지원금은 GDP의 0.66%로 OECD 국가 중 최하위이다. 칠레는 0.81%, 멕시코는 1% 수준이다.

자본주의 유지를 위한 최소 분배 의무를 게을리한 결과이다. 그런데 일부에서 복지는 경제의 걸림돌이라는 논리를 편다. 중산층이 두꺼운 사회에서는 그 논리가 맞다. 그렇지만 중산층이 얇은 사회에서는 그 반대이다. 복지 지출을 늘려 서민의 구매력을 높이고, 경제의 한 귀퉁이에 속하는 공장이 돌아가게 해야 한다. 그래야 경제가 산다.

복지 지출을 늘려 중산층 이하의 구매력을 높여 경쟁 참여를 유도해야 한다. 이들에게 분배를 하면 구매력이 향상되고, 이 구매력에 의존해서 사업을 하는 소기업이 먼저 살고, 다음은 중소기업이 산다. 마지막으로, 대기업이 산다. 복지가 경제를 살린다는 논리는 진보 논리가 아니다. 양극화 사회에서 건강한 자본주의 관리를 위한 정책 논리이다. 그래서 복지와 경제는 하나다.

02 복지공약에 기회의 사다리가 없다

민주주의 국가에서 선거는 특별한 의미를 갖는다. 선거는 권력을 창출하는 수단이자, 가까운 미래 청사진의 전시장이다. 선거를 통하여 권력을 잡고자 하는 후보자들은 가까운 미래에 대한 청사진을 제시함으로써 유권자의 선택을 받는다. 청사진이 그럴듯하면 선택을 받을 가능성이 높아지고, 별 볼일 없으면 선택을 받을 가능성이 낮아진다. 그 청사진을 정치 현장에서는 공약이라고 한다.

우리나라의 선거는 크게 세 가지가 있다. 대통령 선거, 국회의원 선거, 그리고 지방선거이다. 이 중에서 가장 중요한 선거가 대통령 선거, 약칭으로 대선이다. 그 어떤 선거에서보다도 대선공약에는 미래의 모습이 담겨 있어야 한다. 대한민국 최고 지도자를 정하는 선거이기 때문이다.

과거로 돌아가, 최근에 있었던 대선이 2012년 대통령 선거이다. 당시 박근혜, 문재인, 안철수를 포함한 빅3 후보 모두 경제민주화와 복지 확대를 주요 공약으로 내걸었다. 박근혜 후보는 경제민주화와 생애주기별 맞춤형 복지, 문재인 후보 역시 경제민주화와 보편적 복지, 안철수 후보는 복지와 경제혁신을 연결하는 '혁신' 복지를 내세웠다. 구호는 그럴듯하지만 이들의 주장처럼 복지와 경제의 선순환을 이끌 구체적 방안은 미흡했다.

박근혜 후보는 바로 선 자본주의로 경제적 약자를 돕겠다고 강조했지만 경제민주화의 관점에서 복지 추구라는 원론적 수준에 그쳤다. 생애주기별 맞춤형 복지의 내용에 대해서는 별 언급이 없었고, 대통령이 된 이후에도 이 공약에 대한 가시적 실천 프로그램을 찾아보기 힘들었다. 임기 초 기초연금 도입으로 홍역을 치른 후 내내 복지정책에 대한 제도개선을 시도하지 않았다.

문재인 후보의 경우, 복지는 시혜가 아니라 국민의 권리라는 점을 강조하며 적극적 복지 지출이 경제 성장에 도움이 된다면서도 복지와 경제 성장을 연결하는 절차적 전략은 미흡했다. 복지 지출을 늘려 경제의 수레바퀴를 돌리는 방안을 제시하지 못했다. 안철수 후보는 취약계층 지원 확대나 사회보험 확대보다는 다른 그 무엇을 원하는 것 같은데 '아리송' 자체였고, 구체적 모습을 그려낸 적이 거의 없었다.

세계사를 돌이켜보아도 복지정책은 경제가 어려울 때 빛을 발했다. 위기상황에서 나타나는 사회갈등을 해소하고 다음 단계의 도약을 위한 발판이 복지정책에서 나온다. 빅3 대선주자 공약에는 이 치열함이 없었다. 미국 대선을 예로 들면 위기를 극복하고 사회를 개량하기 위한 그런 치열한 사례가 있었다.

1930년대 초 대공황이 최악으로 치닫자 미국은 남북전쟁 이후 최대 위기를 맞았다. 프랭클린 루스벨트(F. Roosevelt) 후보의 공약은 사회보장법 제정과 뉴딜정책이었다. 사회보장이라는 복지와 뉴딜정책이라는 경제의 선순환을 이어주는 구체적 전략이 그를 당선시켰고, 성공적인 대통령으로 역사에 이름을 남기는 데 기여했다(Jacoby, 1998). 루스벨트는 미국 최초의 4선 대통령이다.

미국에는 더 치열한 복지·경제 선순환 사례도 있다. 1950년대 말, 미국은 다시 위기를 맞았다. 민권운동에 이어 케네디(J. F. Kennedy) 대통령까지 암살당할 정도로 사회갈등은 심각했다. 흔히, 민권운동을 흑인 저항운동이라지만, 사실은 빈곤이 문제의 핵심이었다. 1935년 사회보장법은 빈곤 없는 사회를 약속했지만 그로부터 한 세대가 지나도 가난한 사람은 여전히 가난하고, 부자는 여전히 부자라는 불만이 한꺼번에 표출된 사건이 민권운동이었다. 존슨(L. B. Johnson) 대통령은 민권운동 저변에 깔린 의미를 읽었고 빈곤과의 전쟁(war on poverty)을 선포했다.

빈곤과의 전쟁은 미국을 도약의 길로 이끌었다. 존슨은 새로운 시각으로 빈곤문제에 접근했다. 어퍼머티브 액션(affirmative action)이라는 기회의 제공이었다. 대학 입학과 고용 등 시민참여가 필요한 분야에 소수민족과 여성을 일정비율 반드시 포함시키는 강력한 약자 우대 정책이었다. 이 제도는 인종차별로 신분 상승이 어려웠던 미국 사회에 유동성을 불어넣어 신분 상승의 길을 개척하는 기회의 사다리가 되어 주었다.

그후 미국 사회에서는 경쟁이 공정해졌으며, 경쟁이 공정해지자 새로운 인물이 새로운 시대에 맞추어 등장하는 다원주의 사회로의 변신에 성공했다. 그리고 2008년 대선에서 오바마(B. Obama)라는 아프리카계 미국 대통령이 탄생하는 동력이 되었다.

오바마가 대통령으로 당선된 시기는 미국 역사상 가장 어려운 시기 중 하나였다. 월가(Wall Street)의 금융위기가 미국을 수렁으로 빠뜨린 시기였다. 수많은 사람들이 직장을 잃었고, 주택할부금융, 즉 모기지(mortgage)로 집을 산 사람들은 하루아침에 집을 날려 노숙자가 늘어나는 현상이 꼬리를 이었다.

대통령에 취임하자 바로 시행한 정책 중 하나가 'cash for clunkers'였다. 오래된 차를 가지고 있는 저소득층이 새 차를 사려고 할 경우 3,500달러에서 4,500달러를 현금으로 지원하는 프로그램이었다. 복지급여를 통하여 저소득층에게 새 차를 구매할 기회를 제공함으로써 디트로이트의 자동차 공장을 재가동시킬 수 있었고, 자동차 공장이 가동되자 고용창출로 이어졌다. 이 프로그램은 복지와 경제의 선순환을 설명하는 대표적 사례로 꼽히고 있다(Sivak & Schoettle, 2009).

박근혜 후보를 대통령으로 만든 2012년 이후 벌써 4년이 지나, 다시 1년 후면 대통령 선거를 한다. 대통령에 출마하려는 예상 후보자 모두 빈부격차가 심각하다면서도 가난한 사람들이 타고 오를 기회의 사다리는 제시하지 못하고 있다. 무상복지나 보편적 복지 같은 20세기의 낡은 논쟁이나 하고 있으니 참으로 딱하다.

대한민국은 2050년이면 3명당 1명이 노인이라는 현실을 직시하고 지금부터라도 그 준비를 해야 함에도 국민연금 개혁에 대해서는 말이 없다. 연금의 토대를 다시 마련해야 함에도 불구하고 청사진은커녕 묵묵부답이다. 국민연금을 포함한 사회보험은 사회의 안전망이자 거대한 금융상품이며, 미래 경영의 재원을 제공해줄 수 있음에도 말이다.

복지정책은 누구든 노력하는 사람이 오를 수 있는 기회의 사다리이며, 이걸 제시해야 미래를 바꿀 수 있다. 그럼에도 불구하고 심지어는 새 정치를 하겠다는 사람을 포함한 예비 후보자 모두 준전문가를 최고의 전문가인 양 포장하여 줄 세우는 구태정치를 일삼고 있다.

준전문가는 베낄 수는 있어도 운용방법을 몰라 정책이 의도하는 결과를 이끌어낼 수가 없다. 그래서 복지공약에 복지 확대는 있어도 기회의 사다리가 없다. 더 치열하게 연구하여 기회의 사다리가 담긴 복지공약을 제시해야 한다. 그래야 고령사회로 빠져들고 있는 대한민국을 구할 수 있다.

03 기업만 살찐다면 정리해고가 답일까

온 나라의 힘이 경제위기 극복을 위해 결집되던 1998년 당시 정부는 두 가지 정책수단을 택했다. 공적자금 지원을 통한 기업 살리기와 기업의 군살빼기였다. 다양한 군살빼기 방식이 있으나 정부와 기업은 손쉬운 정책수단을 택했다. 공적자금 투입과 정리해고였다. 어쩔 수 없었다고 말하기는 하지만 진보성향의 김대중 정부에서 지극히 친기업적 정책을 택한 셈이었다.

공적자금을 투입하여 대기업을 지원하고, 대기업이 공장을 가동시켜 일자리를 창출하는 정책은 친기업 정책이다. 반면에, 공적자금으로 빈곤층과 저소득층을 지원하여 구매력을 높이고, 구매력 창출로 기업이 재가동되어 다시 고용창출로 이어지게 하는 정책을 친서민 정책이라고 할 수 있다. 김대중 정부 때만 하더라도 경제활성화는 친기업 정책으로 이해하고 있던 때였다.

여하튼, 통계 수치를 보면 1997년 11월 이후에 기업에 투입된 공적자금이 168조 6,000억 원이었다. 1998년 대한민국 국가예산이 164조 2,000억 원이었는데, 당시 1년 예산보다 많은 공적자금이 투입되었다. 위기상황이었지만 천문학적 수치라고 해도 과언이 아닌 수준이었다.

기업도 군살빼기에 나섰다. '고용보험통계연보'를 보면, 1998년 당시 총퇴직자 수는 197만 5,700명이었고, 이 중에서 비자발적 퇴직자는

89만 2,100명으로 총퇴직자의 45.1%였다. 같은 해 넓은 의미의 정리해고로 설명할 수 있는 퇴직자, 즉 경영상 필요에 의한 퇴직자와 기타 회사 사정에 의한 퇴직자의 수를 합치면 39만 3,800명 수준으로 총퇴직자의 19.9%였다. 위기상황인 만큼 정리해고자의 비중이 매우 높았다.

국제통화기금(IMF) 경제위기가 있은지 10년이 더 지난 2009년 현재 대한민국의 경제지표는 크게 변했다. 1998년 당시 1인당 국민소득이 7,600달러에서 2000년에는 1만 달러를 회복하여 2010년에는 2만 달러에 진입했다. 2015년에는 2만 7,900달러 수준이었다. 또 다른 고속성장의 사례이다.

성장을 하면 기업뿐만 아니라 근로자의 사정도 좋아져야 한다. 경제 규모가 커지면 고용도 늘고 정리해고도 개선되어야 한다. 그런데 이 상식이 불행히도 우리 경제 현실에서는 통하지 않았다. 통계청에 따르면, 2015년 6월 기준 청년실업률은 10.2%로 외환위기 직후인 1999년 이후 최고 수준이었다. 2016년 또 이 수치를 갈아치워 2월의 청년실업률은 12.5%였다.

정리해고 패턴을 보면 기가 막힌다. 2009년을 기준으로 총퇴직자 수는 472만 2,300명이었고, 이 중에서 2009년의 비자발적 퇴직자는 총퇴직자의 45.8%에 해당하는 216만 3,900명이었다. 이것은 1998년 경제위기 당시의 45.1%와 거의 같은 수준이다. 2009년의 정리해고 퇴직자는 91만 5,300명으로 19.4%였다. 이 비중도 1998년의 19.9%와 차이가 없다.

1998년은 국가부도 위기상황이었다. 그로부터 10년이 지났으면 고용사정과 기업의 정리해고 관행이 과거보다는 개선되어야 한다. 그런데 총퇴직자 수에서 비자발적 퇴직자의 비중도 변하지 않았고, 넓은 의미의 정리해고 근로자의 비중도 줄지 않았다.

경제위기가 끝났음에도 근로자는 여전히 위기상황이고, 기업은 정리해고로 비용을 줄이려는 악습을 버리지 못한 증거이다. 다른 데서 본 피해를 근로자로부터 보상받으려 한다는 비판을 면하기 어렵다. 다양한 정책수단이 있음에도 불구하고 정부도 정책적으로 무대응이다.

정리해고는 위험한 정책수단이다. 기업의 군살빼기에 좋은 수단으로 보이지만 사회비용 초래라는 독을 품고 있다. 양산된 실직자를 먹여 살리기 위해 정부는 많은 예산을 투입해야 하고, 예산 확보를 위해 국민은 세금부담을 늘려야 한다.

이 논리에 따라 IMF 경제위기 후 기업은 돈을 벌었고, 시민들은 기업이 버린 실직자를 위해 더 오른 세금을 내야 했다. 기업은 돈을 쌓았고, 시민은 궁핍해졌다. 이것을 방증하는 통계 수치가 개인과 기업의 저축률 차이이다. 1998년 개인 저축률은 18.6%였으나 2003년에는 5.9%로 추락했고, 2010년 현재 5.0%에 불과하다. 반면에, 기업 저축률은 1998년 9.1%였으나 2003년 14.9%로 폭등했고, 2010년 현재 20%에 이르고 있다. 개인과 기업의 대반전이다.

IMF 경제위기 이후 진보가 10년, 보수가 8년 동안 집권했다. 그런데도 경제위기 극복을 위해 도입한 정리해고라는 비상조치가 관행으로 자리잡게 방치했다. 진보 정권 10년 동안 정리해고 외의 정책수단 도입을 위해 무엇을 했는지 묻는다면 어떤 대답이 나올까?

잘하는 기업을 비판할 생각은 없다. 다만, 강조하고 싶은 게 있다. 미래에 천문학적 사회비용을 떠안기며 창출한 이익은 이익도 아니고,

경쟁력도 아니다. 거품이자 미래 세대의 부채일 뿐이다. 기업이 줄도산을 해야 경제위기가 오는 것은 아니다. 시민의 가난이 누적되어도 국가부도 위기를 맞을 수 있다.

IMF 경제위기 이후 기업은 살찌우고, 시민은 살을 빼는 정책기조 때문일까? 2016년 현재 대한민국의 가계부채가 1,200조 원에 이른다. 사상 최대 수준이다. 금융권 연체자 수가 100만 명을 넘는 현상도 지속되고 있다.

04 복지와 경제의 밀월 이끌 인물이 나와야

대한민국의 대통령 선거는 5년마다 있다. 선거가 있을 때마다 기대 반, 실망 반 국민들의 마음이 흔들린다. 새로운 인물이 나라를 이끌면 나아지는 게 있을 것이란 기대감이 생기는 것도 사실이다. 그러나 여야를 막론하고 '난립'이라고 말할 정도로 많은 후보들이 대통령을 향해 뛰지만 정책에 대한 치열함이 없다는 데에는 실망감을 금치 못한다.

2017년 대선을 말하기 전에 2012년 대선을 잠시 돌이켜보기로 한다. 당시 새누리당은 박근혜, 김문수, 안상수, 임태희, 김태호 후보 등 다섯 명이 나와 후보 자리를 겨루었고, 민주통합당은 문재인, 손학규, 김두관, 김영환, 김정길, 정세균, 박준영, 조경태 후보 등 여덟 명이 뛰었다. 막판에 가서 박근혜와 문재인의 대결로 결론이 났지만 당시 안철수 교수의 행보가 또 하나의 흐름이었다.

당시에도 대선 경쟁의 속내를 보면 치열함이 배어 있지 않았다. 새누리당은 박근혜 후보가 된다는 예상을 뒤집을 만한 변수가 없었고, 민주당 경선은 안 교수와 메이저 리그에서 겨룰 후보자를 선출하는 듯한 인상을 지울 수 없었다. 안 교수는 새로운 정치를 외치지만 잊혀질 듯하면 이벤트를 만들어 자기를 알리는 고도의 정치행위를 하는 듯했다. 한 나라를 이끌 지도자가 되기 위하여 갈고 닦은 정책비전을 어떤 후보에게서든 찾아보기가 어려웠다.

2017년 대선 경쟁에서도 2012년과 크게 다를 바가 없을 것 같다. 야권에서는 문재인과 안철수가 대통령 고지를 향한 현역으로 뛰고 있고, 여권에서는 2012년 선수들과 김무성을 비롯하여 새로 등판한 인사들이 힘겨루기를 할 듯하다. 변수가 있다면 2012년 안철수가 등장했듯이 반기문의 등장이라고 말할 수 있다. 이처럼 많은 인물들이 지도자가 되고자 하지만 실망스러운 것은 정책을 향한 치열함이 없다는 점이다.

지금 대한민국은 심각한 위기이다. 경제위기에 복지위기가 겹친 모습이다. 수출, 투자, 내수가 모두 불안하다. 올 하반기 경제 성장률이 3%는 고사하고 2%대가 되리란 전망도 나온다. 미국 경제는 위기 탈출의 문턱에 서 있는 형국이고, 유럽연합(EU)은 휘청거리고 있으며, 중국의 성장이 둔화되는 시점에서 자유무역협정(FTA) 방식으로 경제를 끌던 우리나라는 충격이 클 수밖에 없다. 미국과 중국은 말할 것도 없고, EU 회원국의 작은 경제뉴스에도 주가가 요동치는 게 우리 경제의 현주소이다. 부동산 경기침체도 세계 경제의 침체, 한국 경제의 위기에서 나온 현상 중 하나로 볼 수 있다.

복지문제도 심각하다. 국민행복지수가 34개 경제협력개발기구(OECD) 국가 중 32위이다. 국가경쟁력을 좌우하는 핵심요소인 사회적 지출, 형평성 등 사회통합 부문의 최하위 점수가 행복지수를 낮추는 요인이 되었다는 게 연구결과이다. 인구 고령화는 세계에서 가장 빠른데 노인 빈곤율은 OECD 국가 중 1위이다. 무려 50%에 이른다. 노인 빈곤율은 전체 노인 중 중위 소득 미만에 속하는 노인의 비율을 의미하는데 그리스의 23%보다도 두 배나 높다. 노인 빈곤문제의 해결을 위해서 국민연금을 개혁해야 하지만 정부부채와 연계되어 있어 손대기가 쉽지 않다.

2015년 현재 중앙정부, 지방정부, 연금을 포함한 정부부채는 1,212조 7,000억 원으로 1,500조 원에 이르는 국내총생산(GDP)에 근접한 수준이다. 여기에 공기업 부채 377조 1,000억 원을 합치면 GDP 대비 100%가 넘는다. 한국은행이 2015년 3분기를 기준으로 가계부채가 1,166조 원이라고 발표했다. 정부부채와 맞먹는 수준이다. 가계부채 1,200조 원까지 합치면 그야말로 대한민국은 경제위기이다.

복지도 위기이다. GDP 규모로 볼 때 세계 13위 경제대국인 우리나라 노인 빈곤율은 49.6%로 세계 1위이다. 정부에서는 소득 3만 달러 진입을 희망하고 있지만 사회안전망의 근간이 되는 국민연금을 가지고는 노후 기초생계비조차도 안되는 상황이다. 노인인구 비율은 전 인구의 13.6%에 이르러 고령화로 치닫고 있는데 연금 개혁을 위한 시동조차 걸지 못하고 있다.

현재대로라면 대한민국은 경제위기가 복지위기를 키우고, 복지위기가 다시 경제위기를 키우는 악순환이 이어질 수밖에 없다. 지금 바로잡지 않으면 기회를 놓친다. 그래서 차기 대통령의 역할은 막중하다. 위기 극복에 대해 고민하지 않고 정치적 전략으로 국민을 현혹하고, 인기에 영합해 대통령이 되려고 한다면 그 인물이 비록 대통령이 된다고 하더라도 불행한 대통령이 될 수밖에 없다.

지금 대한민국은 복지와 경제의 밀월을 이끌 정치지도자를 기다리고 있다. 소설 『람세스』에는 이런 글이 있다. 생산은 중요하다. 그러나

분배는 더 중요하다. 한 계급의 이익을 위한 지나친 부는 불행의 원인이 된다. 골고루 나누어진 부는 기쁨의 씨앗이 된다. 그렇게 되면, 그 어떤 배도 굶주리지 않는다. 이처럼 생산과 분배에 대한 치열한 고민이 바탕이 되어야 복지와 경제의 밀월을 이끌 수 있다.

프랭클린 루스벨트(F. Roosevelt)가 대통령에 당선되었던 1933년 당시 미국은 역사상 유례없는 위기였다. 경제위기와 복지위기가 겹쳐 수백만 명이 일자리를 잃었다. 루스벨트는 한 손으로는 공공투자사업을, 다른 한 손으로는 사회보장법 제정을 성공적으로 수행함으로써 경제위기와 복지위기의 악순환 고리를 끊었다.

한국은 미국과 다른 정치문화적 배경을 가지고 있지만 경제와 복지의 선순환 논리를 실행하는 이치는 다르지 않다. 이런 차이와 다름을 인식하면서 복지와 경제의 밀월을 이끌 인물이라면 기쁜 마음으로 그에게 지지를 보내고 싶다.

05 연금에 미래의 성장동력이 있다

세상은 천연색인데 흑백논리로 재단하려는 경우가 많다. 연금과 복지를 바라보는 시각이 그렇다. 그리스 국가부도 위기의 주범을 복지, 특히 관대한 연금 급여라고 몰아붙이는 현실이 대표적 사례이다. 복지와 연금을 "나라 망친 흉물"로 보는 시각이 안타깝다. 문제가 있다면 복지와 연금 그 자체가 아니라, 이를 운용하는 사람들인 데도 말이다. 복지와 연금 그 이면에 "나라 살릴 비법"이 있는데도 이것은 아예 무시한다.

국민연금과 퇴직연금을 아우르는 노령연금은 두 가지 기능이 있다. 하나는 노후보장이고, 다른 하나는 금융상품이다. 이 두 기능을 조화롭게 연결시키면 연금이 바로 성장동력이 된다. 국가예산은 비교가 안 될 정도의 기금 조성과 운용을 할 수 있기 때문이다. 그러나 이 두 기능의 균형이 일그러지면 그리스처럼 재정위기의 주범으로 전락할 수도 있고, 아르헨티나처럼 노인들의 격렬한 저항에 부딪혀 국가비상사태 선포라는 사회위기에 직면할 수도 있다.

2015년 현재 국민연금으로 조성한 기금 총액은 507조 원이다. 이 중에서 연금 보험료로 조성된 액수가 274조 5,000억 원이고, 기금의 운용수익으로 조성된 액수가 전체의 45.8%에 이르는 232조 5,000억 원이다. 이 507조 원 중에서 약 20%는 국민연금 수급자들의 연금 급여로 제공되고, 현재 나머지는 다시 기금운용을 한다. 안정적으로 투자를 하여 연금 급여를 제공하고, 여분이 있으면 여러 가지 노인복지를 위해 사용할 수 있다.

연금기금은 규모가 국가예산을 능가한다. 2015년 말 국민연금기금은 507조 원인데 반해, 2016년 국가예산은 386조 7,000억 원 수준이다. 대규모 기금을 가지고 있는 국민연금은 복지뿐 아니라 생산적으로도 활용된다. 경제도 살리고 나라도 살릴 비법이 연금에서 나오는 이유다.

국가예산보다 덩치가 큰 기금을 운용하여 안정적 이윤을 창출함으로써 국가경제에 기여한다. 기업은 연기금투자풀의 주간운용사로 선정될 기회를 잡을 수도 있다. 연금 급여를 받은 노인들은 그만큼의 구매력이 높아져 실버 시장의 활성화에 기여하기도 한다. 이 같은 선순환 구조를 갖도록 끊임없이 정책을 조율하면 연금과 복지는 사회의 효자일 수밖에 없다.

잘되는 나라는 연기금 투자수익이 안정적일 뿐 아니라 상대적으로 높은 반면에 문제가 있는 나라의 투자수익은 마이너스이다. 2010년 경제협력개발기구(OECD) 회원국의 연기금 평균수익률은 3.5%였다. 네덜란드가 가장 높아 13.5%였으며, 그리스는 −7.4%였다. 우리나라 국민연금의 수익률은 10.4%로서 미국에 이어 세계 3위였다.

수익만이 능사가 아니지만 이 같은 긍정적인 연금운용 사례를 두고 연금과 복지가 문제의 근원이라고 매도할 수는 없다. 다양한 연금장치를 구비하여 노령연금으로 활용하고, 한편으로는 연기금을 성장동력으로 활용할 방법을 모색해야 한다.

제도 구비 자체만 놓고 보면 대한민국도 복지 선진국이다. 제도개선의 여지는 많지만 노령에 대비한 보편적 제도장치로서 국민연금이 있고, 생활이 어려운 빈곤노인을 대상으로 하는 기초노령연금이 있다. 형편이 좀 나은 사람도 국민연금만으로는 노후생활이 어려울 수 있기 때문에 직장인에게 연금을 제공하는 퇴직연금 장치도 있다.

사회구성원의 노후보장을 국민연금 같은 공적연금에만 의존하지 않고, 임금근로자를 위한 사적연금으로서 퇴직연금제도와 같은 장치를 씌운 연금제도를 세계은행(World Bank)은 중층구조연금(multi-pillar pension)이라고 명명하고, 세계 각국이 고령사회에 대비하여 이 제도를 도입하도록 권고하고 있다. 유럽이나 남미 등에서는 오래전에 이 제도를 갖추었고, 한국도 형식적으로나마 기초노령연금, 국민연금, 퇴직연금으로 연결된 중층구조를 따르고 있다.

중층구조연금제도에 의하면, 국민연금과 퇴직연금에 추가할 연금계층이 하나 더 있다. 바로 자영업자를 위한 개인연금(Individual Savings Account: ISA)이다. 자영업자도 국민연금 급여만으로는 노후 생계비가 부족하다. 개인연금까지 도입되어 바람직한 방식으로 연기금이 운용되면 명실공히 금융강국이 될 수도 있다.

국경을 초월한 무한경쟁 시대에는 유동성이 높은 금융자본의 힘이 국력일 수밖에 없다. 국민연금과 퇴직연금을 비롯한 연금이 바로 금융자본 조성의 중심에 있다. 그래서 연금이 미래의 성장동력이다.

참고문헌

위평량(2014). 재벌 및 대기업으로의 경제력 집중과 동태적 변화분석: 1987-2012. 『기업지배구조연구』, 48: 22-43.

허만형(1998). 『복지가 경제를 살린다』. 서울: 홍익재.

Jacoby, S.(1998). *Modern manors: Welfare capitalism since the New Deal.* Princeton University Press.

OECD(2014). Social expenditure update: Social spending is falling in some countries, but in many others it remains at historically high levels. <www.oecd.org/social/expenditure.htm>.

Selén, J., & Ståhlberg, A-C.(2007). Why Sweden's pension reform was able to be successfully implemented. *European Journal of Political Economy,* 23(4): 1175-1184.

Sivak, M., & Schoettle, B.(2009). The Effect of the "Cash for Clunkers" Program on the Overall Fuel Economy of Purchased New Vehicles. Report No. UMTRI-2009-34. Ann Arbor, MI: The University of Michigan's Transportation Research Institute.

찾아보기

허만형(許萬亨)

건국대 행정학과를 졸업하고, 미국 콜로라도대학교(University of Colorado)에서 행정학 박사 학위를 받았다. 콜로라도 오로라(Aurora)시의 복지과에서 Cultural Service Coordinator로 근무한 바 있다. 건국대학교 사회복지학과 교수를 거쳐 현재 중앙대학교 공공인재학부 교수로 재직 중이다.
주요 연구 분야는 연금정책 및 복지정책이며, 이 분야의 저서로 『복지가 경제를 살린다』, 『세계의 연금, 한국의 연금』 등이 있다. 주요 논문으로는 "연금개혁 제도의 확산에 관한 비교연구: 전세계 퇴직연금과 개인연금의 확산", "A Comparative Study of the Relationship between Pension Plans and Individual Savings in Asian Countries from an Institutional Point of View" 등이 있다.

불평등은 무엇인가

펴낸날 제1판 제1쇄 2017년 1월 10일

지은이 허만형
펴낸이 임춘환
펴낸곳 도서출판 대영문화사
주소 서울특별시 용산구 청파로 61길 5(청파동 1가) 제일빌딩 2층
등록 1975년 12월 26일 제3-16호
전화 (02)716-3883, (02)714-3062
팩스 (02)703-3839
홈페이지 http://www.dymbook.co.kr

ISBN 978-89-7644-580-3
값 10,000원